CHAKRAS, RAIOS, CORES, CRISTAIS

Métodos de Cura

CB131302

Zachary F. Lansdowne, Ph.D.

CHAKRAS, RAIOS, CORES, CRISTAIS

Métodos de Cura

Tradução
PAULO CESAR DE OLIVEIRA

EDITORA PENSAMENTO
São Paulo

Título do original:
Ray Methods of Healing

Copyright © 1993 by Zachary F. Lansdowne
Publicado originalmente por Samuel Weiser,
York Beach, ME—USA.

Edição	Ano
1-2-3-4-5-6-7-8-9	95-96-97-98-99

Direitos de tradução para a língua portuguesa
adquiridos com exclusividade pela
EDITORA PENSAMENTO LTDA.
Rua Dr. Mário Vicente, 374 – 04270-000 – São Paulo, SP – Fone: 272-1399
que se reserva a propriedade literária desta tradução.

Impresso em nossas oficinas gráficas.

Sumário

Relação de Tabelas

AGRADECIMENTOS

Quero manifestar minha gratidão a William L. Kovacs, Donna Mitchell-Moniak e a Maurice A. E. Rothman pelos cuidados e ponderados comentários sobre uma versão anterior deste livro. Agradeço também a Lucis Publishing Company pela permissão para inserir citações extraídas de diversos livros de Alice A. Bailey.

Capítulo 1

❖

Introdução

Somente com o coração é que podemos enxergar direito; o essencial é invisível aos olhos.

Antoine de Saint-Exupéry

Num livro publicado em 1953, Alice A. Bailey apresentou sete fórmulas simbólicas de cura, mas praticamente nenhuma explicação. O nosso propósito aqui é esclarecê-las com uma explicação completa, mostrando que cada fórmula pode ser interpretada de três maneiras. Uma interpretação descreve o modo pelo qual formas perceptíveis podem ser usadas num *método de cura exotérica,* tais como o aconselhamento, a educação, a homeopatia ou a aplicação terapêutica das pedras preciosas. Uma outra interpretação descreve de que modo as qualidades da alma podem ser usadas num *método prático,* tal como a raja yoga ou a magia branca. E, por fim, uma terceira interpretação descreve como as energias sutis podem ser usadas num *método de cura esotérica,* tal como a cura radiante ou prânica.

Embora Bailey não explicasse os verdadeiros significados de suas fórmulas de cura, ela forneceu algumas informações curiosas a respeito de seu passado, presente e futuro. Com relação ao passado, disse que essas fórmulas originaram-se na antiguidade e foram "extraídas do *Book of Rules for Initiated Disciples* [*Livro de Regras para Discípulos Iniciados*]. Quanto à época em que foram publicadas, afirmou que o propósito dela era "assentar os alicerces para um futuro arranjo do conhecimento" e gerar uma "sábia e perspicaz expectativa". Também afirmou que essas fórmulas simbólicas "poderiam apresentar três significados, dos quais o menos elevado poderia ser interpretado com sucesso pelo estudioso moderno, se este refletisse adequadamente e vivesse espiritualmente". Com relação ao seu futuro, ela previu que "alguns discípulos do início do próximo século vão retomar essas técnicas ou afirmações mágicas, relacioná-las com o trabalho de cura, interpretá-las e elucidá-las".[1]

A Constituição Humana

Ainda que as fórmulas curativas de Bailey sejam escritas de maneira concisa, elas incluem símbolos que integram e sintetizam uma enorme quantidade de informações filosóficas. Para que as nossas interpretações desses símbolos possam ser compreendidas, precisamos rever rapidamente os seguintes princípios básicos da teosofia: os sete planos, a constituição humana e as iniciações.

Segundo a teosofia, o sistema solar é sétuplo em sua constituição. Embora apenas o mundo físico possa ser percebido com os sentidos humanos comuns, afirma-se que existem também seis mundos superiores de matéria progressivamente mais sutil que interpenetram o mundo físico. Esses mundos são chamados de *planos* e os seus nomes são comumente relacionados da seguinte maneira: adi, monádico, átmico, búdico, mental, emocional e físico. O adi é o primeiro plano — e o mais elevado — e o físico é o sétimo plano e o mais baixo.

Conforme mostra a figura 1, cada plano tem sete subplanos. O plano físico, por exemplo, compreende os seguintes subplanos: primeiro éter, segundo éter, terceiro éter, quarto éter, gasoso, líquido e sólido. Os três planos inferiores — gasoso, líquido e sólido — abrangem o mundo denso da matéria e podem ser percebidos pelos sentidos humanos comuns. Os quatro planos mais

1. A. A. Bailey, *Esoteric Healing* (1953; reimpressão; Nova York: Lucis Publishing Company, 1977), pp. 694, 705, 706.

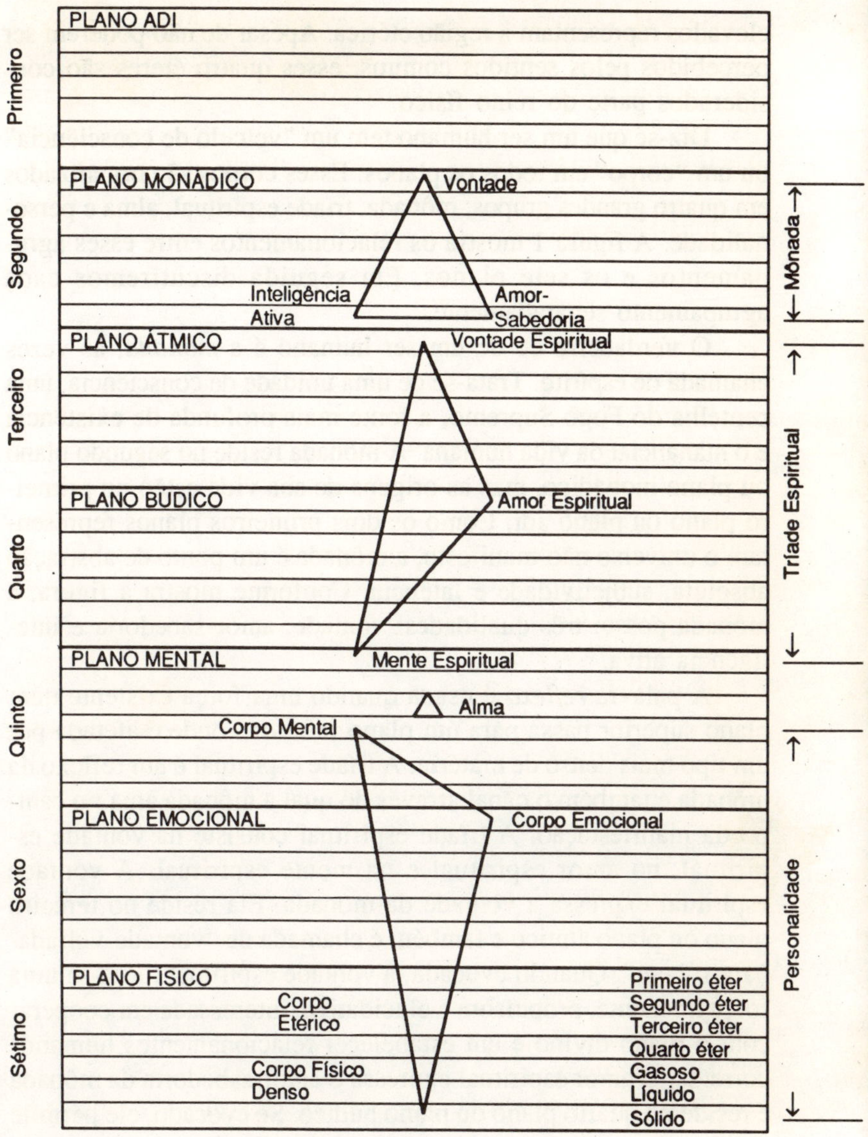

Figura 1. Constituição Interna Humana

elevados representam a região etérica. Apesar de não poderem ser percebidos pelos sentidos comuns, esses quatro éteres são considerados parte do reino físico.

Diz-se que um ser humano tem um "veículo de consciência" ou um "corpo" em todos os planos. Esses corpos são organizados em quatro grandes grupos: mônada, tríade espiritual, alma e personalidade. A figura 1 mostra os relacionamentos entre esses agrupamentos e os sete planos. Em seguida discutiremos cada agrupamento separadamente.

O verdadeiro eu de um ser humano é a *mônada,* às vezes chamada de espírito. Trata-se de uma unidade de consciência, uma centelha do Fogo Supremo, a fonte mais profunda de existência e o manancial da vida humana. A mônada reside no segundo plano ou plano monádico, mas as origens de sua vida estão no primeiro plano ou plano adi. Como os dois primeiros planos representam o universo não-manifesto, a mônada é um ponto de abstração absoluta, subjetividade e latência. Conforme mostra a figura, a mônada possui três qualidades: vontade, amor-sabedoria e inteligência ativa.

A palavra *reflexo* é usada quando uma força existente num plano superior passa para um plano inferior, onde é afetada por um tipo mais denso de matéria. A tríade espiritual é um reflexo da mônada e também o canal através do qual a mônada atua no campo da manifestação. A tríade espiritual consiste na vontade espiritual, no amor espiritual e na mente espiritual. A vontade espiritual expressa a vontade da mônada. Ela reside no terceiro plano ou plano átmico e também é chamada de "vontade-voltada-para-o-bem". Quando evocada, a vontade espiritual torna-se uma força imanente, propulsora e elucidativa, interessada em cooperar com o plano divino e em estabelecer relacionamentos humanos corretos. O amor espiritual expressa o amor-sabedoria da mônada e reside no quarto plano ou plano búdico. Se evocado, ele permite que a semente divina seja sentida em todas as formas corporais e que a unidade essencial de todos os seres humanos seja percebida. A mente espiritual expressa a inteligência ativa da mônada. Ela ocupa o subplano mental mais elevado e às vezes é chamada de "mente superior abstrata". Quando evocada, a mente espiritual proporciona revelações intuitivas que são percepções claras e diretas da verdade.

A *alma* — também chamada de corpo causal ou lótus egóico — reside igualmente no plano mental. Como a alma armazena a essência abstrata ou sabedoria adquirida através das experiências de uma pessoa, ela se desenvolve de forma gradual ao longo do tempo. A alma de uma pessoa subdesenvolvida utiliza apenas a matéria do terceiro subplano mental (contado de cima para baixo), conforme ilustra a figura 1. Com o desenvolvimento, porém, a alma passa a utilizar também a matéria do segundo subplano, capacitando-a a estender-se pelo segundo e terceiro subplanos. Como a alma é o veículo para o pensamento abstrato, uma pessoa subdesenvolvida sofre de sérias limitações no que tange a esse tipo de pensamento. Uma pessoa desenvolvida, porém, cuja alma está usando a matéria superior, consegue ter pensamentos profundos e dotados de sublimidade, requinte e sabedoria. A alma de uma pessoa desenvolvida também age como uma espécie de intermediário e conduz as intuições da tríade espiritual para a personalidade.

A *personalidade* tem quatro partes. O corpo mental — às vezes chamado de mente concreta ou apenas mente — é a parte mais elevada e ocupa os quatro subplanos inferiores do plano mental. Ele é o veículo para o pensamento concreto e nos confere a capacidade de discriminação. O corpo astral ou emocional abrange todos os sete subplanos do plano emocional e nos dá a capacidade de sentir, desejar, aspirar e atrair. O corpo vital ou etérico ocupa os quatro subplanos mais elevados do plano físico, que é a região etérica, e nos confere a capacidade de agir e de ter entusiasmo. Por fim, o corpo físico denso, localizado nos três subplanos inferiores do plano físico, permite a ocorrência de atividades no mundo objetivo e tangível.

Um ser humano é basicamente a mônada (ou espírito) refletida na forma de tríade espiritual no campo da manifestação, demonstrada através da alma que vai evoluindo gradualmente, e usando a personalidade para contatar os três planos inferiores com o propósito de adquirir experiência. Aprendemos a integrar essas diversas partes de forma gradual e progressiva. Antes de alcançarmos o caminho espiritual, aprendemos a integrar o corpo físico ao corpo emocional, estes dois ao corpo mental e, depois, estes três à personalidade como um todo.

Segundo a teosofia, o caminho espiritual consiste em diversos segmentos distintos. O primeiro segmento é chamado de caminho da provação. Começamos a percorrer este caminho quando tomamos consciência de um conflito interior entre a personalidade e a alma e nos tornamos dispostos a ser ensinados pela alma. Quando o nosso comportamento externo é orientado pela sabedoria da alma, nós chegamos ao fim do caminho da provação e experimentamos uma expansão de consciência chamada de primeira iniciação. O segundo segmento é o caminho do discipulado e estende-se da primeira iniciação à outra expansão de consciência, chamada de terceira iniciação. A meta desse caminho é completar a integração da personalidade com a alma. O terceiro segmento é o caminho da iniciação e estende-se da terceira iniciação até iniciações de níveis ainda mais elevados. A meta aqui é integrar a personalidade impregnada pela alma com a tríade espiritual e, em seguida, com a mônada.

Invocação é o ato de pedir ajuda a um fator que é maior, mais abrangente e mais iluminado. Evocação é a resposta do fator maior. As integrações no caminho espiritual ocorrem através de um processo de invocação e evocação. Em cada caso, as partes da constituição humana que já foram integradas invocam a parte situada imediatamente acima e, então, essa parte mais elevada responde de acordo com o grau de compreensão e de tensão dinâmica exibidas pelas partes integradas inferiores. O esforço das partes inferiores é a invocação, e o sucesso do rito invocatório é a evocação. Por exemplo: um aspirante avança no caminho da provação criando um ponto de tensão invocatória na personalidade, o qual, então, evoca uma resposta da alma.

As fórmulas simbólicas de Bailey estão estreitamente relacionadas com a tipologia dos sete raios. Como o *raio* de alguma coisa refere-se à sua qualidade essencial, os sete raios nos proporcionam uma maneira de classificar os diversos fenômenos em termos de suas qualidades essenciais. Os sete raios dividem-se em dois grupos diferentes. Os três primeiros raios são os principais. Os quatro últimos são menos importantes e podem ser produzidos pela interação dos raios principais. Fazendo uma analogia, o espectro visível consiste em sete diferentes cores; três cores são primárias e podem se combinar para produzir as outras quatro cores.

Helena P. Blavatsky, a fundadora da Sociedade Teosófica, apresentou o conceito dos sete raios em seu famoso livro *The Secret Doctrine,* que foi originalmente publicado em 1888. Blavatsky também citou referências aos sete raios, que encontrou em fontes antigas com o Rig Veda hindu, a filosofia hermética, os textos gnósticos, a Cabala judaica e a Bíblia cristã. Todavia, ela não fez distinção entre os diferentes tipos de raios nem mostrou como eles poderiam ser aplicados para propósitos práticos.[2]

Durante os últimos cem anos, diversos outros autores expandiram ou desenvolveram os ensinamentos sobre os sete raios. Charles W. Leadbeater atribuiu uma qualidade diferenciadora e uma afirmação a cada um dos sete raios.[3] Ernest Wood escreveu o primeiro livro dedicado especificamente aos sete raios e descreveu as características pessoais dos indivíduos de cada raio.[4]

---

2. H. P. Blavatsky, *The Secret Doctrine* (1888; reimpressão; Pasadena, CA: Theosophical University Press, 1977). [*A Doutrina Secreta,* VI vols. Editora Pensamento, São Paulo, 1980.]

3. C. W. Leadbeater, *The Science of the Sacraments* (Adyar, Madras, Índia: Theosophical Publishing House, 1920).

4. E. Wood, *The Seven Rays* (1925; reimpressão; Wheaton, IL: Theosophical Publishing). [*Os Sete Raios,* Editora Pensamento, São Paulo, 1976.]

Alice A. Bailey fez uma importante contribuição com o seu *Treatise on the Seven Rays,* em cinco volumes, onde discute a aplicação dessa tipologia à psicologia, astrologia, cura e iniciação.[5] Geoffrey Hodson sintetizou as características das pessoas que recebem a influência predominante de cada um desses raios, incluindo os seus atributos básicos, ocupações associadas, maiores virtudes e vícios, causas de sofrimento, impulso motor e de investigação, métodos de ensino e de realização, fraquezas e maiores feitos.[6] Roberto Assagioli descreveu as principais tarefas de desenvolvimento para as pessoas relacionadas com cada tipo de raio e mostrou como essa tipologia poderia ser aplicada ao ramo da psicologia ou aconselhamento conhecido por psicossíntese.[7] Michael Robbins desenvolveu métodos — incluindo um teste auto-aplicável e com escore calculado por computador — destinados a ajudar os conselheiros a avaliar os raios predominantes de seus clientes.[8] A revisão feita por Robert Gerard nos proporciona um proveitoso comentário e perspectiva a respeito das contribuições anteriores sobre o tema.[9]

---

5. A. A. Bailey, *A Treatise on the Seven Rays,* em 5 volumes: *Esoteric Psychology,* vol. 1 (1936; reimpressão; Nova York: Lucis Publishing Company, 1975); *Esoteric Psychology,* vol. 2 (1942; reimpressão; Nova York: Lucis Publishing Company, 1975); *Esoteric Astrology* (1951; reimpressão; Nova York: Lucis Publishing Company, 1977); *Esoteric Healing* (1953; reimpressão; Nova York: Lucis Publishing Company, 1977); e *The Rays and the Initiations* (1960; reimpressão; Nova York: Lucis Publishing Company, 1976).

6. G. Hodson, *The Seven Human Temperaments* (1952; reimpressão Adyar, Madras, Índia: Theosophical Publishing House, 1984). [*O Homem e seus Sete Temperamentos,* Editora Pensamento, São Paulo, 1987.]

7. R. Assagioli, M.D., *Psychosynthesis Typology* (Londres: Institute of Psychosynthesis, 1983).

8. M. D. Robbins, Ph.D., *Tapestry os the Gods* (Jersey City Heights, NJ: University of the Seven Rays Publishing House, 1988).

9. R. Gerard, Ph.D., "Commentary" em *Tapestry of the Gods,* pp. v-xxii.

A maioria dos livros anteriores sobre os sete raios aplica essa tipologia à psicologia. Esse livros mostram que cada elemento da constituição humana tem um raio predominante que pode variar de pessoa para pessoa. Assim, uma maneira de caracterizar a natureza de um determinado ser humano é especificar os raios que essa pessoa apresenta no corpo físico, no corpo emocional, no copo mental, na personalidade, na alma, e assim por diante. A qualidade aparente de uma pessoa é em geral o raio do fator mais elevado que ela expressa. Se a pessoa progredir e expressar um fator ainda mais elevado, o raio anterior torna-se, então, um sub-raio do novo raio controlador. Quando o indivíduo aprende a integrar a personalidade, por exemplo, o raio da personalidade torna-se a qualidade dominante. Ao aprender a integrar a personalidade com a alma, no entanto, o raio da alma passa a ser a qualidade dominante e o raio da personalidade torna-se o sub-raio do raio da alma.

Visto que cada uma das fórmulas simbólicas de cura de Bailey corresponde a um dos sete raios, o presente livro aplica essa tipologia à cura. Na interpretação apresentada nos três próximos capítulos, cada fórmula descreve três métodos de cura (exotérica, prática e esotérica), incluindo os princípios fundamentais, a preparação do terapeuta, o modo como a força curativa é aplicada e os efeitos sobre o paciente. Qualquer método de cura pode ser interpretado como uma forma exterior que expressa uma qualidade interior. Os três métodos de cura oferecidos por qualquer das sete fórmulas expressam o raio (ou qualidade) associado a essa fórmula, embora os métodos tenham diferentes formas. Cada capítulo usa os sete raios para classificar as influências mais elevadas que são expressas através dos métodos de cura desse capítulo. Como as influências são sucessivamente mais elevadas em cada capítulo, os primeiros raios são tratados como sub-raios da nova influência controladora, conforme é explicado a seguir.

No Capítulo 2, que apresenta sete métodos de cura exotérica, considera-se que a alma de todo ser humano possui sete qualidades diferentes que correspondem aos sete raios. No método de cura exotérica oferecido por um determinado raio, considera-se que o terapeuta concentra-se basicamente na personalidade, ao mesmo tempo que possui a capacidade de evocar da alma a qualidade correspondente. Nenhum dos métodos exige que o terapeuta tenha ido além da primeira iniciação.

No Capítulo 3, que descreve os sete métodos práticos, considera-se que a alma de todo ser humano pode ser classificada numa das sete categorias que correspondem aos sete raios. A qualidade predominante da alma de uma determinada pessoa — chamada de raio da alma — determina o método de trabalho dessa pessoa no caminho espiritual e o seu destino final. As sete qualidades da alma, mencionadas no Capítulo 2, são tratadas como os sete sub-raios do raio da alma. No método prático descrito para um determinado raio, o terapeuta fica centrado temporariamente na alma e adquire a capacidade de expressar externamente as diversas características do raio correspondente da alma. Nenhum dos métodos exige que o terapeuta tenha ido além da segunda iniciação.

No Capítulo 4, que descreve os sete métodos de cura esotérica, considera-se que a mônada de todo ser humano tem três qualidades que correspondem aos três raios principais. Em cada método de cura esotérica, o terapeuta precisa primeiro ficar centrado na alma e, então, evocar as três qualidades monádicas. O terapeuta pode ainda expressar os sete tipos de qualidades da alma mencionados no Capítulo 2, mas cada tipo torna-se o veículo para a exibição da qualidade monádica dominante. Em outras palavras, as sete qualidades da alma transformam-se nos sete sub-raios da qualidade monádica. Assim, o papel da qualidade monádica, no Capítulo 4, é semelhante ao do raio da alma, no Capítulo 3. No método de cura esotérica apresentado para cada um dos três principais raios, o terapeuta precisa evocar a qualidade monádica correspondente. E no método apresentado para cada um dos quatro raios secundários, o terapeuta deve expressar o sub-raio correspondente de uma das qualidades monádicas. Nenhum dos métodos exige que o terapeuta tenha ido além da terceira iniciação.

Conseqüentemente, as fórmulas curativas de Bailey são extraordinárias. Elas oferecem ao mesmo tempo orientação na arte da cura e uma maneira de organizar todo o espectro de técnicas terapêuticas, revelando os relacionamentos horizontais e verticais inerentes a elas. O resultado final é uma filosofia ampla de cura.

Capítulo 2

Métodos de Cura Exotérica

Manterei puras e sagradas tanto a minha vida como a minha arte.

Hipócrates

Exotérico diz respeito ao mundo exterior e, portanto, àquilo que é prontamente percebido através dos cinco sentidos físicos. Um método de cura exotérica transfere a energia curativa através de instrumentos ou formas perceptíveis, tais como comportamento físico, palavras faladas, materiais de ensino, sons, cores, livros, remédios ou pedras preciosas. Bailey publicou uma fórmula simbólica de cura para cada um dos sete raios, e devemos interpretar essas fórmulas como descrições de métodos de cura exotérica. A premissa fundamental é que a alma de qualquer ser humano tem sete diferentes qualidades que correspondem aos sete raios. Cada método de cura exotérica parte do pressuposto de que o terapeuta está polarizado ou centralizado basicamente na personalidade, ao mesmo tempo que conserva a capacidade de evocar da alma a capacidade associada.

Cura significa trazer harmonia ou normalidade para diferentes partes do mesmo organismo ou estrutura viva. Os métodos de cura exotérica descritos neste capítulo são baseados em diferentes conceitos do que constitui um organismo, e alguns métodos são baseados em múltiplos conceitos. Os métodos do quarto, sexto e sétimo raios estão relacionados com a cura física e com a harmonização dos diversos órgãos do corpo físico. Os métodos do terceiro, quarto e quinto raios dizem respeito à cura psicológica e ajudam a integrar os vários elementos da personalidade.

Os métodos do primeiro, segundo e quinto raios ajudam a integrar a personalidade com a alma, e o método do quarto raio também ajuda a unificar um grupo de seres humanos para que possa atuar em conjunto de maneira harmoniosa.

Neste capítulo, cada raio é prefaciado pela fórmula simbólica de Bailey. As interpretações que seguem, bem como aquelas dos capítulos 3 e 4, são da exclusiva responsabilidade deste autor, e talvez não traduzam com fidelidade o significado pretendido originalmente. Assim, o leitor deve avaliar com cuidado a sua exatidão.

Primeiro Raio

> Que a força dinâmica que rege o coração de todos em Shamballa venha em meu auxílio, pois sou digno dessa ajuda. Que ela desça para o terceiro, passe pelo quinto e concentre-se no sétimo. Estas palavras não significam o que parecem significar. O terceiro, o quinto e o sétimo estão dentro do primeiro e provêm do Sol Central do vigor espiritual. O mais elevado, então, desperta dentro daquele que sabe e dentro daquele que precisa ser curado e, dessa forma, os dois tornam-se um só. Este é um profundo mistério. A fusão da força curativa produz o efeito desejado; isso pode trazer a morte, essa grande libertação, e restabelecer assim o quinto, o terceiro e o primeiro, mas não o sétimo.[1]

O primeiro raio é chamado de raio da vontade ou poder. No método de cura exotérica descrito pela primeira fórmula, o terapeuta invoca a vontade da alma e, em seguida, vive uma vida que é um exemplo influente para os outros. Como esta é uma vida de prestação de serviços, devemos nos referir ao terapeuta como "o servidor".

A primeira sentença da fórmula faz referência a *Shamballa*. No budismo tibetano, Shamballa é o nome de um reino mitológico

---

1. A. A. Bailey, *Esoteric Healing* (1953; reimpressão; Nova York: Lucis Publishing Company, 1978), pp. 706, 707.

que estaria oculto atrás de picos inexplorados cobertos de neve, em algum lugar do norte do Tibete. As histórias a respeito de Shamballa provavelmente inspiraram James Hilton a escrever o romance *Lost Horizon* [*Horizonte Perdido*], no qual ele descreveu um paraíso terrestre chamado Shangri-Lá, que também estaria escondido atrás de picos nevados na região do Tibete.[2] Embora as primeiras referências de que se têm notícia acerca de Shamballa apareçam em livros escritos na língua tibetana, por volta do século XI d.C., acredita-se que estas tenham sido traduções de obras mais antigas escritas em sânscrito. De fato, o nome *Shamballa* é uma palavra sânscrita que pode ser traduzida como "a fonte da felicidade".

De acordo com os mitos tibetanos, Shamballa possui parques floridos, pagodes com tetos de ouro e palácios adornados com jóias. Os habitantes vivem em paz e harmonia, livres de doenças, e as suas colheitas nunca fracassam. Eles falam sânscrito e estudam diversas ciências, incluindo medicina, astronomia e psicologia. Conquanto os habitantes sejam espiritualmente avançados, eles ainda não estão plenamente iluminados e até conservam algumas falhas e ilusões humanas. Em virtude de seu interesse em atingir a iluminação, eles dedicam a maior parte de seu tempo ao estudo e à prática da sabedoria mais elevada conhecida pelo budismo tibetano, que chamam de Kalacakra ou "Roda do Tempo". Esses ensinamentos mostram como encontrar a eternidade no momento transitório, e o indestrutível em meio à destruição. Em vez de renunciar às atividades terrenas em favor do asceticismo de um eremita ou monge, as pessoas de Shamballa usam todas as coisas, incluindo as distrações da luxúria e da vida familiar, para um propósito espiritual. Na terminologia teosófica, elas se tornaram personalidades impregnadas pela alma, o que significa que a sua personalidade é regida pela vontade de sua alma.[3]

---

2. J. Hilton, *Lost Horizon* (1933; reimpressão; Nova York: Pocket Books, 1990).

3. E. Bernbaum, Ph.D., *The Way to Shamballa* (1980; reimpressão; Los Angeles: Jeremy P. Tarcher, 1989), pp. 5-12.

Conforme foi dito anteriormente, este capítulo discute as sete qualidades da alma que correspondem aos sete raios. A qualidade do primeiro raio da alma é a vontade, que às vezes é chamada de *boa vontade*. Quando evocada, a boa vontade é sentida como uma necessidade premente de servir aos outros. Esse desejo de servir é um impulso instintivo e inato da alma, assim como o instinto de preservação e reprodução constituem impulsos inatos do corpo físico. A boa vontade é um impulso criativo porque pode produzir resultados tangíveis no plano físico. Quando a boa vontade começa a dominar a personalidade, o primeiro efeito é a demonstração de uma compreensão exata e de uma verdadeira prestimosidade em relação à família e ao grupo real do indivíduo. À medida que a boa vontade torna-se mais forte, através do uso, seu efeito se expande a partir do pequeno grupo familiar imediato para uma área maior até que, por fim, a influência adquire âmbito nacional e, depois, mundial.[4]

Todavia, a pessoa precisa preparar-se antes de poder tornar-se um exemplo influente para os outros. Conforme descreve a primeira sentença da fórmula, o servidor precisa invocar a qualidade do primeiro raio da alma, a boa vontade, que é o propósito ou motivo que rege a vida de todos dentro do reino mítico de Shamballa ("Que a força dinâmica que rege o coração de todos em Shamballa venha em meu auxílio"). Para que esta invocação seja bem-sucedida é necessário que o servidor já tenha realizado diversos passos preliminares ("pois sou digno dessa ajuda"): transmutando o desejo de realizações globais numa aspiração de ser um instrumento da alma, e usando o corpo mental para coordenar ou integrar as energias da personalidade.

A segunda sentença da fórmula oferece os passos necessários para a manifestação do propósito da alma. O primeiro passo é a criação de um plano mental para a solução de algum problema ou o atendimento de alguma necessidade. Por exemplo: o

---

4. A. A. Bailey, *Esoteric Psychology*, vol. 2 (1942; reimpressão; Nova York: Lucis Publishing Company, 1981) pp. 125-128.

plano poderia consistir em fundar ou contribuir para movimentos em favor de obras de beneficência, empreendimentos filantrópicos, melhoria da educação ou hospícios. A criação de tal plano envolve o uso da qualidade do terceiro raio da alma, que é a inteligência ativa ou adaptabilidade. Para que a boa vontade seja expressa através do corpo mental, é necessário que a qualidade do primeiro raio oriente e controle a aplicação da qualidade do terceiro raio ("Que ela desça para o terceiro").

Antes de passar ao plano mental, a pessoa deve parar e observar as próprias reações emocionais. O *glamour* pode ser definido como uma reação emocional que impede uma percepção clara. Se um determinado *glamour* é detectado, como a comiseração de si mesmo, o orgulho ou a autojustificação, o passo seguinte é usar a mente para investigar esse *glamour*. Conforme discutimos com mais detalhes na seção dedicada ao sexto raio, no Capítulo 3, a erradicação de um *glamour* requer a descoberta das crenças subjacentes e, depois, a averiguação de sua verdade ou falsidade. Este esforço de descoberta e investigação acarreta a aplicação da qualidade do quinto raio da alma, porque esse é o raio da investigação científica. Para que a boa vontade seja expressa através do corpo emocional, a qualidade do primeiro raio deve orientar e controlar a aplicação da qualidade do quinto raio ("passar ao quinto").

Depois de criar o plano mental e eliminar quaisquer *glamours*, o indivíduo pode dar o passo final: dedicar-se às atividades físicas apropriadas, de modo que o plano se manifeste na forma de um serviço tangível. A manifestação é uma atividade do sétimo raio, porque esse é o raio da ordem ou magia cerimonial. Para que a boa vontade seja expressa através do comportamento físico, a qualidade do primeiro raio da alma deve orientar e controlar a aplicação da qualidade do sétimo raio ("e concentre-se no sétimo").

Embora os parágrafos anteriores pareçam sugerir que a qualidade do primeiro raio é diferente das qualidades do terceiro, quinto e sétimo raios, esta diferença é uma ilusão ("Estas

Tabela 1. Os Principais Chakras Etéricos*

Nome em Português	Nome em Sânscrito	Localização Aproximada	Número de Pétalas
Cabeça ou Coroa	Sahasrara	Topo da Cabeça	Círculo interior de 12 pétalas principais, rodeadas por um círculo externo com 960 pétalas secundárias
Testa	Ajna	Entre as sobrancelhas, na frente da cabeça	2 pétalas primárias, cada uma das quais dividida em 48 pétalas menores, resultando num total de 96 pétalas.
Garganta	Vishuddha	Parte posterior do pescoço	16 pétalas
Coração	Anahata	Entre as omoplatas	12 pétalas
Plexo Solar	Manipura	Atrás do estômago	10 pétalas
Sacral	Svadhisthana	Parte inferior da região lombar	6 pétalas
Básico	Muladhara	Base da Espinha	4 pétalas

* Fontes: A. A. Bailey, *The Soul and Its Mechanism* (1930; reimpressão; Nova York: Lucis Publishing Company, 1976), p. 111; A. A. Bailey, *Letters on Occult Meditation* (1922; reimpressão; Nova York: Lucis Publishing Company, 1974), pp. 77, 78; e A. A. Bailey, *A Treatise on White Magic* (1934; reimpressão; Nova York: Lucis Publishing Company, 1974), pp. 190, 199. [*Cartas sobre Meditação Ocultista*, Editora Pensamento, São Paulo, 1984.]

palavras não significam o que parecem significar"). A qualidade do primeiro raio consegue controlar as qualidades dos outros raios apenas por causa da seguinte circunstância: os sub-raios correspondentes a cada um daqueles outros raios encontram-se dentro da qualidade do primeiro raio e são parte da boa vontade que provém da alma ("O terceiro, o quinto e o sétimo estão dentro do primeiro e provêm do Sol Central do vigor espiritual"). O terceiro sub-raio da qualidade do primeiro raio, por exemplo, tem a capacidade de orientar e controlar a aplicação da qualidade do terceiro raio. Em outras palavras, quando o propósito geral de servir aos outros é expresso através do propósito mais estreito de construir um plano apropriado, então aquele propósito mais estreito pode orientar e controlar o esforço mental de construir o plano.

Através da aplicação dos passos anteriores, a boa vontade desperta dentro de todos os níveis da personalidade do servidor, e manifesta-se exteriormente como um serviço efetivo e impessoal ("O mais elevado, então, desperta dentro daquele que sabe"). Se os circunstantes tiverem o grau adequado de presteza, eles serão inspirados pelo exemplo do servidor, e assim começarão a fazer o mesmo ("e dentro daquele que precisa ser curado, e assim os dois tornam-se um só"). Para ter essa presteza, os circunstantes precisam ser dotados da capacidade de ouvir a voz intuitiva da própria alma, capacitando-os a reconhecer o exemplo do servidor como o símbolo externo ou a confirmação do que já conheciam bem no fundo de si mesmos, mas que até então haviam questionado ou ignorado ("Este é um profundo mistério").

A enumeração da última sentença refere-se aos chakras. A palavra *chakra* significa "roda" em sânscrito, e refere-se a uma roda sutil de energia no corpo etérico, que vitaliza uma parte do corpo físico denso. O corpo etérico contém sete chakras principais e 21 chakras secundários. Para cada chakra principal, a Tabela 1 relaciona o nome em português, o nome tradicional em sânscrito e a sua localização aproximada. Um chakra principal às vezes é simbolizado por um lótus constituído de um número específico de pétalas, e esse número também é dado na Tabela 1. Como cada pétala representa um determinado tipo de força, o número de pétalas associadas a um dado chakra indica o número de forças diferentes que podem ser expressas por esse chakra.

A combinação do exemplo do servidor com a voz intuitiva dentro de cada circunstante realiza o trabalho de cura ("A fusão da força curativa produz o efeito desejado"). A fusão pode induzir os circunstantes a sacrificar as ambições egocêntricas da personalidade ("isto pode trazer a morte"), que libera o poder interior da alma ("essa grande libertação"). Neste caso, os circunstantes vão repetir o mesmo processo que o servidor usou durante o estágio de preparação que acabamos de descrever ("e restabelecer, assim"). Especificamente, eles vão transmutar o desejo do quinto chakra ou chakra do plexo solar em aspiração; empregar o terceiro chakra ou chakra da garganta para coordenar a personalidade e, então, invocar a boa vontade, que é registrada pelo primeiro chakra ou chakra da coroa ("o quinto, o terceiro, o primeiro"). A liberação do poder da alma não requer o desenvolvimento ou ativação do sétimo chakra ou chakra básico ("mas não o sétimo"), embora essa ativação seja necessária numa etapa posterior do caminho espiritual.

O primeiro método de cura ajuda a reorientar a personalidade e é um método particularmente apropriado para ajudar adolescentes perturbados. Quando os pais são fracos, violentos, ausentes ou mal-orientados, os adolescentes muitas vezes ficam tentados a evocar sua imaginação e ambição em sentidos falsos ou errados que conduzem à delinqüência, ao abuso de drogas e ao crime. A fórmula de Bailey mostra como esses adolescentes poderiam ser ajudados pelo encontro de modelos positivos de papéis, talvez como parte de programas de escolas públicas ou de tratamentos para o uso de drogas, atividades desenvolvidas pela Igreja ou por grupos de escoteiros ou, ainda, através de programas que designam mentores. Os expoentes mais influentes de uma forma superior de viver são pessoas que conseguiram ultrapassar com sucesso circunstâncias similares àquelas que os adolescentes estão enfrentando. Através dos exemplos de suas vidas, os modelos de papéis positivos mostram que existe uma escolha — que todos temos de fazer — entre os valores inferiores e os superiores, e que aqueles que escolherem os valores superiores irão escapar de muitos dos problemas e dificuldades da vida diária.

Segundo Raio

> Que a energia curativa desça, carregando suas linhas duais da vida e sua força magnética. Que essa força magnética viva retire e suplemente aquela que está presente no sétimo, opondo o quatro e o seis ao três e ao sete, mas não mexendo com o cinco. O vórtice circular e inclusivo — descendo até o ponto — agita, remove e então fornece, e assim o trabalho é feito. O coração gira; dois corações giram como um; o doze dentro do veículo, o doze dentro da cabeça e o doze sobre o plano do esforço da alma cooperam como se fossem um só, e assim o trabalho é feito. Duas energias alcançam essa consumação e os três, cujo número é um doze, reagem ao doze maior. A vida é conhecida e os anos prolongados.[5]

O nome do segundo raio é amor-sabedoria. A fórmula do segundo raio mostra como as qualidades do amor e da sabedoria podem ser expressas através do aconselhamento, e ela cobre os quatro aspectos de uma sessão de aconselhamento: invocação, conteúdo, processo e participantes. Devemos nos referir ao terapeuta como conselheiro e ao beneficiário como aspirante.

No início de uma sessão, o conselheiro invoca maior compreensão da alma e ajuda o aspirante a fazer a mesma invocação ("Que a energia curativa desça"). Por exemplo: o conselheiro poderia orientar o aspirante a praticar um exercício formal de observação, concentração ou meditação. Ou então o conselheiro poderia simplesmente estimular o aspirante a pensar por si mesmo, a

---

5. Bailey, *Esoteric Healing*, pp. 707, 708.

duvidar e questionar, e a separar a verdade da ilusão. Como ambos os participantes fazem essa invocação, existem duas linhas de investigação ("carregando suas linhas duais da vida"). Haveria apenas uma linha se o aspirante aceitasse passivamente quaisquer explicações que o conselheiro oferecesse, ou se o conselheiro aceitasse cegamente quaisquer racionalizações, preconceitos e projeções que o aspirante pudesse oferecer. Durante uma sessão, o conselheiro ajuda o aspirante a invocar a qualidade do segundo raio da alma ("e a sua força magnética"), a qual inclui aspectos tanto do amor como da sabedoria. O aspecto do amor é obtido tendo-se um ponto de vista inclusivo, o que significa considerar as necessidades e interesses da família ou grupo a que pertence o aspirante e não apenas as necessidades e interesses do próprio aspirante. O aspecto da sabedoria é obtido indo-se além dos sintomas externos do sofrimento do aspirante, tais como depressão, hostilidade ou ansiedade, e investigando-se as causas ou significados subjacentes.

A segunda sentença descreve os tópicos ou o conteúdo das sessões de aconselhamento e a ordem em que esses tópicos geralmente são abordados. O primeiro tópico é a saúde física do aspirante. O conselheiro e o aspirante invocam o entendimento a respeito de como retirar energia de hábitos negativos e estabelecer ou reforçar hábitos positivos de comportamento no sétimo plano ou plano físico ("Que essa força magnética viva retire e suplemente aquela que está presente no sétimo"). É importante, por exemplo, eliminar qualquer tipo de dependência do fumo, do álcool e de outros tipos de substâncias que viciam. É também importante estabelecer ou reforçar os hábitos de higiene pessoal, dieta nutritiva e balanceada, sono adequado, exercício físico regular e moderada exposição ao sol.

Os sentimentos de culpa, medo ou ressentimento implicam uma separação ou divisão entre a natureza emocional superior — que está associada ao quarto plano ou plano búdico — e o corpo emocional — que está no sexto plano ou plano emocional. O segundo tópico trata de como remover ou resistir a essa separação interior ("opondo o quatro e o seis"). Ao observar a si mesmo de uma forma objetiva, por exemplo, o indivíduo pode tornar-se sensível às diversas partes de sua personalidade e apreciar as suas inter-relações. Recusando-se a julgar ou a nutrir ressentimentos em relação aos outros, a pessoa pode deixar de julgar e condenar a si própria. Renunciando ao apego ou desejo de bens materiais, ela se liberta de muitas formas de medo e sofrimento. Agindo com candura em pensamentos e palavras, torna-se um canal para o aspecto amoroso da alma. E ao viver como a alma, ela pode sentir paz, compaixão, alegria e confiança interior. A chave para o progresso em quaisquer dessas áreas é a autodisciplina combinada com um entendimento consciente do trabalho a ser feito.

Quando alguém domina ou prejudica intencionalmente outra pessoa, há uma separação entre a natureza inerentemente altruísta do indivíduo — que está associada ao terceiro plano ou plano átmico — e o comportamento exterior — que está no sétimo plano ou plano físico. O terceiro tópico trata de como remover ou resistir a este segundo tipo de separação ("ao três e ao sete"). Por exemplo: o indivíduo poderia aprender os princípios éticos que têm sido ensinados pelos grandes filósofos do Oriente e do Ocidente.

Como um exemplo oriental, considere o sistema da raja yoga, que foi originalmente formulado pelo sábio Patanjali. A palavra sânscrita *raja* significa "régio" e a palavra *yoga* significa "união". A raja yoga é um método tradicional de integração da personalidade (ou eu inferior) com a alma (ou eu superior), e requer o controle e a disciplina da mente. Em seu *Yoga Sutras*, Patanjali afirmou que a disciplina moral era um pré-requisito indispensável e que ela deveria ser alcançada antes que a disciplina mental se tornasse possível. A necessária disciplina moral consiste na obediência voluntária a cinco preceitos: agir com candura, falar com sinceridade, não roubar, abster-se da incontinência ou impureza sexual, e não cobiçar. Preceitos similares podem ser encontrados no budismo e no cristianismo.[6]

---

6. C. Johnston, *The Yoga Sutras of Patanjali* (Londres: Stuart & Watkins, 1968), p. 43.

No exemplo ocidental, considere a filosofia ética de Immanuel Kant. Em seu esforço para buscar e estabelecer o "supremo princípio da moralidade", Kant descreveu diversas versões daquilo que chamou de um "imperativo categórico". Neste caso, a palavra *imperativo* representa uma diretiva no sentido de agir de uma determinada maneira, e *categórico* significa inqualificado ou incondicional. Segundo a versão mais conhecida do imperativo, "Aja como se o princípio de sua ação fosse tornar-se, através de seu desejo, uma lei universal da natureza". Em outras palavras, devemos evitar o comportamento que, se adotado por todos os seres humanos, tornaria impossível a vida em sociedade. Por exemplo: uma pessoa não deve mentir ou roubar porque a vida em sociedade seria impossível se todos mentissem ou roubassem.[7]

Depois de aprender os princípios associados a cada um dos tópicos anteriores, o aspirante pode aplicar aqueles princípios usando a mente para dirigir as atividades dos corpos físico e emocional. O próximo passo do aspirante é aprender como a alma pode assumir uma posição dominante e dirigir a mente. Este passo exige que o indivíduo ouça a voz intuitiva da alma e, em seguida, siga essa voz. Para dar este passo mais avançado, o aspirante precisa abrir mão de todos os guias externos — como qualquer professor ou ensino organizado — e substituí-los pela orientação interior da alma. O aconselhamento não pode lidar com esse passo mais avançado, que envolve a integração dos níveis abstrato e concreto do quinto plano ou plano mental ("mas não mexendo com o cinco"), porque o conselheiro atua como um guia externo durante uma sessão de aconselhamento. O importante é que o aspirante precisa tornar-se eventualmente o próprio guia e encontrar o caminho *por si só.* A partir dessa solidão, que é o destino de todo discípulo verdadeiro, nascem o autoconhecimento e a autoconfiança necessários para o desenvolvimento espiritual.[8]

---

7. I. Kant, *Ethical Philosophy* (1785; reimpressão; Indianapolis, IN: Hackett Publishing Company, 1988), pp. 5, 30.

8. A. A. Bailey, *A Treatise on White Magic* (1934; reimpressão; Nova York: Lucis Publishing Company, 1974), pp. 583, 584.

A última sentença do primeiro parágrafo indica o processo ou método de abordar um tópico. Existem sete passos e cada passo expressa a qualidade do raio correspondente. No primeiro passo, o conselheiro impõe uma fronteira mental em torno de algum tópico escolhido, que é um determinado problema físico, emocional ou ético com o qual o aspirante está se confrontando. Em outras palavras, o conselheiro ajuda o aspirante a manter a investigação focalizada dentro de um círculo limitante predeterminado que exclui todos os pensamentos estranhos ou irrelevantes ("circular"). No segundo passo, o conselheiro ajuda o aspirante a passar de um ponto de vista egocêntrico para outro inclusivo, que é o ponto de observação da alma ("inclusivo"). Estes dois passos basicamente orientam e ajudam o aspirante na prática da raja yoga. O primeiro passo corresponde à etapa de concentração da raja yoga, e alinha o cérebro físico com a mente. O segundo passo corresponde à etapa de meditação e alinha a mente com a alma. Quando o conselheiro e o aspirante realizam essas etapas em conjunto, há uma temporária fusão e concentração de luzes em seus cérebros, mentes e almas, criando desse modo uma luz unificada — um holofote de grande brilho e intensidade ("vórtice").

O terceiro passo é conservar o holofote mental durante um tempo suficientemente longo para que ele desça até a causa subjacente ou significado do problema do aspirante ("descendo até o ponto"). Como esta causa geralmente é algo que o aspirante deseja reprimir ou não reconhecer como sendo verdadeira, o quarto passo é um período em que o indivíduo reage de uma maneira agitada, defensiva e ressentida ("agita"). O aspirante deve receber ajuda para perceber que essas reações não são um sinal de fracasso, mas sim algo que já era esperado no processo de cura. De fato, o quinto passo do processo é transformar a agitação do aspirante num tópico temporário de investigação. O conselheiro e o aspirante precisam examinar aquelas reações, até que as investigações de ambos possam esclarecê-las e removê-las ("remover").

O sexto passo é retornar ao problema original que estava sendo investigado. Como agora o aspirante pode examinar a causa subjacente sem ficar agitado ou assumir uma postura defensiva, a investigação em conjunto fornece uma solução para o problema ("e então fornece"). Esta solução em geral é uma profunda compreensão e apreciação de algum princípio de vida de natureza física, emocional ou ética. No sétimo e último passo, o conselheiro ajuda o aspirante a demonstrar a verdade desse princípio na vida cotidiana ("e assim o trabalho é feito").

O parágrafo final da fórmula descreve os participantes de uma sessão de aconselhamento, tanto os visíveis como os invisíveis. O primeiro participante é o aspirante. O tipo de conflito interior que estiver sendo enfrentado pelo aspirante determina a abordagem apropriada de aconselhamento. A abordagem descrita nesta seção somente é apropriada quando o aspirante está no caminho da provação e, portanto, enfrentando um conflito interior entre a personalidade e a alma. Antes do caminho da provação, a atividade do chakra cardíaco é quase desprezível. À medida que são feitos progressos nesse caminho, o chakra cardíaco torna-se gradualmente ativo. A fórmula de Bailey simboliza o aspirante com um chakra cardíaco que começou a tornar-se ativo ("o coração gira").[9]

O conselheiro é o segundo participante. Idealmente, ele já passou pelos mesmos tipos de problemas que o aspirante está enfrentando, dominou as etapas da raja yoga e alcançou a primeira iniciação, que equivale a completar o caminho da provação. De qualquer forma, o conselheiro e o aspirante devem estar suficientemente receptivos e ter uma boa comunicação para que suas investigações sejam uma colaboração sinérgica ("dois corações giram como um"). Eles precisam empreender a jornada juntos, procurando compreender as causas interiores que estão por trás dos sintomas externos do aspirante.

Ao viajar pelo caminho da provação, o aspirante tem um professor incorpóreo que reside nos planos interiores da consciência. Este professor incorpóreo é chamado de "guia espiritual" no

9. Bailey, *Esoteric Psychology*, vol. 2, pp. 524, 525.

espiritualismo, e de "discípulo sênior que tem a seu cargo um neófito", por Bailey. Quando o guia espiritual transmite a orientação, ele instila a necessária mensagem intuitiva dentro da alma do aspirante. Se o aspirante tiver suficientemente alinhamento ou integração entre personalidade e alma, a mensagem rapidamente encontra o seu caminho até a consciência da personalidade, talvez ainda durante a comunicação ou mais tarde, no mesmo dia. Mas se o aspirante estiver num estágio inicial e carecer de alinhamento, a mensagem do guia espiritual freqüentemente requer um longo período, talvez muitos anos, para produzir um reconhecimento adequado dentro da mente e do cérebro. Em qualquer dos casos, o aspirante poderia receber instruções intuitivas a respeito de como aprender com os seus defeitos pessoais e o que fazer para corrigi-los. O aspirante também poderia receber sugestões que o remeteriam para livros ou trechos específicos que o ensinariam ou esclareceriam, ou para pessoas do ambiente físico que poderiam oferecer-lhe assistência.[10]

O conceito de coração às vezes é simbolizado pelo número "doze". A Tabela 1 (p. 25), por exemplo, mostra que o chakra do coração é o único que tem exatamente doze pétalas. Essa tabela também mostra que o chakra da coroa é representado por dois círculos de pétalas: um círculo interno constituído por doze pétalas, e um círculo externo formado por 960 pétalas. O círculo interno é chamado de "centro do coração na cabeça", por ser o correspondente mais elevado do chakra do coração e também o intermediário entre o chakra da coroa e a alma.[11] Segundo Bailey, "a alma é o coração do sistema do homem espiritual", porque é a fonte da

---

10. A. A. Bailey, *Discipleship in the New Age*, vol. 1 (1944; reimpressão; Nova York: Lucis Publishing Company, 1976), pp. 723, 724; M. Bailey, *A Learning Experience* (Nova York: Lucis Publishing Company, 1990), pp. 17-26.

11. A. A. Bailey, *The Light of the Soul* (1955; reimpressão; Nova York: Lucis Publishing Company, 1978), p. 293. Bailey, *Esoteric Healing*, pp. 157, 160, 170.

consciência e da vida que animam a personalidade.[12] Conforme discutimos com mais detalhes na seção que trata do quarto raio, no Capítulo 3, a alma também é simbolizada pelo lótus de doze pétalas, chamado de lótus egóico. A parte seguinte da fórmula usa esses três lótus de doze pétalas para representar os diferentes participantes de uma sessão de aconselhamento.

Carecendo de alinhamento com a alma e com o guia espiritual, o aspirante procurou a assistência temporária do conselheiro no plano físico. Se o conselheiro tiver suficiente alinhamento, então ele poderá receber intuitivamente as necessárias instruções do guia espiritual do aspirante e, assim, transmitir essas instruções com as próprias palavras e pensamentos. Neste caso, o guia espiritual do aspirante é o terceiro participante na sessão de aconselhamento, e um triângulo terapêutico é formado entre o aspirante, cujo chakra do coração é ativado em conseqüência da instrução ("doze dentro do veículo"); o conselheiro, que recebe a instrução intuitivamente através do centro do coração na cabeça ("doze dentro da cabeça"); e o guia espiritual, que atua no nível da alma transmitindo a instrução de alma para alma ("e o doze sobre o plano do esforço da alma").

Talvez nem o conselheiro nem o aspirante estejam conscientes da existência do guia espiritual nos planos interiores da consciência. Em vez disso, o conselheiro pode ter consciência apenas de um palpite intuitivo, e o aspirante pode simplesmente ficar impressionado pela natureza aparentemente perspicaz do conselheiro. De qualquer maneira, quando todos os três pontos do triângulo terapêutico cooperam de uma maneira integrada, o aspirante recebe a assistência necessária ("cooperam como se fossem um só, e assim o trabalho é feito").

Quatro reinos da natureza estão presentes no mundo físico. O primeiro é o reino mineral, o segundo é o vegetal, o terceiro é o animal e o quarto é o humano. Além disso, existe um quinto

---

12. A. A. Bailey. *Discipleship in the New Age*, vol. 2 (1955; reimpressão; Nova York: Lucis Publishing Company, 1972), p. 289.

reino ou reino espiritual — que é chamado de "reino de Deus" pelos cristãos e de "hierarquia espiritual de nosso planeta" pelos teosofistas. Esse reino espiritual existe nos planos interiores e está começando a se externalizar no plano físico. Os membros do quinto reino são chamados de "Mestres da Sabedoria". Esses mestres uma vez já foram membros do reino humano. Porém, com o aprendizado das lições necessárias no quarto reino, eles realizaram aquilo que na teosofia é chamado de quinta iniciação, e assim passaram para o quinto reino.

O reino espiritual é organizado na forma de vários *ashrams* ou escolas interiores, cada uma das quais dirigida por um Mestre da Sabedoria. Como se presume que o aspirante esteja no caminho da provação, ele então já alcançou a periferia de um dos *ashrams* interiores. Conseqüentemente, o Mestre desse *ashram* designou um membro mais antigo do *ashram*, o guia espiritual, para observar o aspirante e fornecer-lhe a assistência apropriada. Embora ainda não seja um mestre, o guia espiritual é mais avançado do que o aspirante. Quando uma pessoa alcança a primeira iniciação, ela é admitida no *ashram*, e assim conquista o privilégio de receber instruções intuitivas e orientação diretamente a partir do mestre. Todavia, enquanto estiver no caminho da provação, o aspirante estará sob a tutela do guia espiritual, o qual, por sua vez, reporta-se ao Mestre e dele recebe instruções.[13]

O quarto participante de uma sessão de aconselhamento é o mestre do *ashram* do qual o aspirante está se aproximando. Embora não participe diretamente de uma sessão, o Mestre participa indiretamente enviando um constante fluxo de ensinamentos para o guia espiritual, e outro fluxo de ensinamentos para o conselheiro exterior, desde que este último tenha alcançado a primeira iniciação e seja membro do mesmo *ashram* ("Duas energias alcançam essa consumação"). Cada fluxo de ensinamento ajuda o beneficiário a desapegar-se do lado formal da vida, tornar-se impessoal quando estiver lidando com as outras pessoas, coope-

---

13. Bailey, *Discipleship in the New Age*, vol. 1, pp. 723, 724.

rar com aqueles que estiverem engajados em atividades similares e ficar preparado para maiores expansões de consciência no futuro. É através da influência desses dois fluxos de ensinamentos que o aspirante, o conselheiro e o guia espiritual ("e os três, cujo número é um doze") reagem ao propósito e ao plano do Mestre ("reagem ao doze maior"). Como o Mestre pode ser considerado o centro do *ashram* interior, a fórmula representa este último participante como o "doze maior".[14]

Em conclusão, a fórmula do segundo raio apresenta diversos preceitos para o aconselhamento de alguém que estiver no caminho da provação. Quando esses preceitos são aplicados, o aspirante descobre o significado subjacente dos problemas de sua vida ("a vida é conhecida") e passa mais tempo descobrindo a sabedoria da alma ("e os anos prolongados").

Terceiro Raio

> O terapeuta fica de pé e cuida da organização. Ele reúne a partir do três, do cinco e do sete aquilo que é necessário para o coração da vida. Junta as energias e faz com que elas sirvam ao terceiro; assim, cria o vórtice dentro do qual o indivíduo necessitado de ajuda precisa descer, e com ele vai o terapeuta. E, não obstante, ambos permanecem calmos e em paz. Portanto, o anjo do Senhor precisa descer ao fundo comum e levar a vida curativa.[15]

O nome do terceiro raio é inteligência ativa ou adaptabilidade. Num método descrito pela fórmula do terceiro raio, o terapeuta evoca a qualidade do terceiro raio da alma, e então prepara um ambiente educacional que evoca a mesma qualidade nos pacientes. Vamos nos referir ao terapeuta como professor e ao paciente como criança, porque devemos interpretar essa fórmula como uma descrição do conhecido método Montessori de educação infantil.

---

14. Bailey, *Discipleship in the New Age*, vol. 1, pp. 737, 738.
15. Bailey, *Esoteric Healing*, p. 708.

Maria Montessori nasceu na Itália, em 1870, e tornou-se a primeira mulher de seu país a receber um diploma de médica, formando-se em 1896 pela Faculdade de Medicina da Universidade de Roma. Como estava convencida de que as crianças mentalmente retardadas poderiam beneficiar-se de uma educação especial, ela se tornou diretora de uma escola estadual para crianças internadas em hospícios. Montessori começou a desenvolver o seu método de ensino durante os dois anos nos quais ensinou ali. Ela observou cuidadosamente as crianças, preparou novos materiais educativos, tomou notas e refletiu a respeito de seu progresso. Para seu espanto, descobriu que essas crianças gravemente retardadas poderiam aprender muitas coisas que antes eram consideradas impossíveis. Posteriormente, Montessori passou a dirigir uma creche num projeto habitacional localizado num bairro pobre. As crianças que freqüentavam essa creche tinham inteligência normal mas provinham de ambientes social e economicamente inferiores, e tinham pais analfabetos. Ela prosseguiu com seus experimentos educacionais nesse centro e alcançou notáveis resultados.

A notícia das realizações de Montessori espalhou-se rapidamente. Ela abriu outras escolas, algumas das quais aceitaram matrículas de crianças cujos pais eram ricos e letrados. Os visitantes começaram a chegar e ficaram impressionados com a disciplina, a atenção concentrada, a espontaneidade e o progresso feito pelas crianças. Montessori começou a divulgar suas revolucionárias idéias através de conferências, cursos para treinamento de professores e de numerosos livros. Sua filosofia e suas escolas acabaram se espalhando por todos os continentes do mundo, especialmente na Europa e na Índia. Depois de receber muitos títulos honorários e homenagens, ela morreu na Holanda em 1952, pouco antes de completar 82 anos de idade.

A seguir apresentamos uma descrição dos seus princípios educacionais, usando uma interpretação da fórmula simbólica para o terceiro raio. As citações que não estiverem entre parênteses foram extraídas dos próprios escritos de Montessori. As citações que estiverem entre parênteses referem-se à fórmula de Bailey.

Primeiro, o professor que segue o método Montessori começa preparando-se interiormente. Essa preparação inclui um auto-exame, a redução do egocentrismo e das atitudes autoritárias, e o cultivo de "um tipo de convicção de que a criança vai se revelar através do trabalho" e "subir até as alturas espirituais"[16] ("o terapeuta fica de pé"). O professor também cultiva as atitudes mentais de "rigorosa observação" e experimentação, que têm o efeito de evocar a inteligência ativa de sua alma ("e organiza"). "Tal preparação deveria gerar em sua consciência uma concepção de vida capaz de transformá-lo, de trazer à tona dentro dela uma 'atividade' ou 'aptidão' especial, que deverá torná-la capaz de realizar com eficiência a sua tarefa."[17]

Depois de se preparar interiormente, o professor está pronto para organizar o ambiente da sala de aula para atender às necessidades das crianças. A enumeração na segunda sentença refere-se aos sete planos e simboliza os vários tipos de aprendizado que deveriam ser promovidos na sala de aula. O terceiro plano — ou plano átmico — é a sede da vontade espiritual e do comportamento ético; o quinto — ou plano mental — é a sede das habilidades intelectuais e do conhecimento; e o sétimo — ou plano físico — é a sede da coordenação física, do exercício e da atividade. Ao preparar o ambiente da sala de aula, o professor inclui os elementos volitivos, intelectuais e físicos necessários ao desenvolvimento do potencial interior das crianças ("Ele reúne a partir do três, do cinco e do sete aquilo que é necessário para o coração da vida"). Vamos discutir cada um desses elementos na ordem em que foram apresentados.

Segundo Montessori, a volição (ou vontade) é uma força universal que poderia ser definida como uma ânsia de atividade voltada para um propósito.

---

16. M. Montessori. *The Absorbent Mind* (1949; reimpressão; Nova York: Dell, 1984), pp. 270, 274.

17. M. Montessori, *The Advanced Montessori Method*, vol. 1 (1916; reimpressão; Nova York: Schocken Books, 1965), pp. 138, 139.

Na vida de uma criança pequena, tão logo ela executa espontaneamente uma ação deliberada, essa força começa a penetrar sua consciência. Aquilo que chamamos de sua vontade começou a se desenvolver e este processo continua daqui por diante, mas apenas como um resultado da experiência. Por conseguinte, estamos começando a considerar a vontade não como algo inato, mas como uma coisa que precisa ser desenvolvida; além disso, por ser uma parte do futuro, esse desenvolvimento só pode ocorrer em obediência às leis naturais.[18]

Montessori percebeu que o desenvolvimento da força de vontade é um processo lento que evolui através de atividades relacionadas com o ambiente. Os elementos volitivos da sala de aula (aqueles que são reunidos "a partir do três") são atividades apropriadas com as quais as crianças podem desenvolver sua força de vontade. Para alcançar a independência física, as crianças têm oportunidades de cuidar das próprias necessidades pessoais, tais como tomar banho ou lavar suas roupas. Elas não devem ser servidas por outras pessoas em coisas que possam aprender a fazer sozinhas. Para desenvolver a vontade própria, as crianças têm oportunidades de escolha e de realizar atividades construtivas. Elas precisam aprender a tomar decisões, a colocar em ação complexos processos internos de comparação e de julgamento e a coordenar suas atividades tendo em vista objetivos escolhidos por elas. Para desenvolver a capacidade de pensar de forma independente, permite-se que trabalhem sem interrupção e repitam quaisquer exercícios até que estejam satisfeitas com a própria proficiência. Para desenvolver uma preocupação social e a prestimosidade em relação aos outros, as crianças têm tanta liberdade quanto possível em suas relações sociais, podendo falar umas com as outras e iniciar atividades em conjunto sempre que assim o desejarem. Todavia, o

18. Montessori, *The Absorbent Mind*, p. 248.

professor deve refrear ou "repreender a criança que de alguma forma ofender ou aborrecer os outros ou que tenha tendência a comportamentos grosseiros ou violentos".[19]

Os elementos intelectuais da sala de aula de Montessori consistem em materiais educacionais e caem em duas categorias: acadêmicos e artísticos. Os materiais acadêmicos são para ensino, leitura, escrita, matemática, geografia e ciências; o seu propósito é satisfazer o desejo inato das crianças de desenvolver suas capacidades intelectuais e de aprender coisas a respeito do mundo. O material artístico lida com a auto-expressão e a comunicação de idéias — através da música, da pintura e da escultura. Depois de uma breve introdução sobre como utilizar cada forma de expressão artística, as crianças são deixadas em liberdade para desenvolver a sua criatividade.

Os elementos físicos da sala de aula de Montessori também são materiais educacionais e dividem-se em duas categorias: vida prática e vida sensorial. As crianças inicialmente passam a conhecer materiais utilizados no seu cotidiano, os quais são usados em exercícios relacionados com os cuidados pessoais ou com o ambiente onde vivem. Elas poderiam, por exemplo, aprender a engraxar um sapato ou a limpar uma mesa. Depois disso elas entram em contato com os materiais sensoriais, que proporcionam experiências visuais, táteis, auditivas, olfativas, gustativas, térmicas, báricas, estereognósticas e cromáticas.

Os materiais educativos Montessori, sejam de natureza intelectual ou física, compartilham idealmente seis características. Primeiro, esses materiais são significativos para as crianças no sentido de conseguirem captar sua atenção e evocar um processo de concentração. Segundo, cada lição a ser descoberta e compreendida pela criança é isolada num único objeto material, sem ser misturada com nenhuma outra questão. Por exemplo: uma torre de blocos apresenta à criança apenas uma variação de tamanho de

---

19. Montessori, *The Absorbent Mind*, p. 275; M. Montessori, *The Montessori Method* (1909; reimpressão; Nova York: Schocken Books, 1964), p. 87.

um bloco para outro, em vez de uma variação combinada de tamanho, forma e cor. Terceiro, o desenho ou o emprego do material torna-se progressivamente mais complexo. Por exemplo: uma série de dez varetas de diversos comprimentos é usada inicialmente num exercício sensorial para ensinar o significado do comprimento. Mais tarde, as mesmas varetas serão utilizadas para ensinar adição, subtração, multiplicação e divisão. Quarto, os materiais são projetados para preparar as crianças indiretamente para um futuro aprendizado. Um bom exemplo é o desenvolvimento da capacidade de escrever. Pegando e manipulando botões, a criança aprende a coordenar a ação motora de seus dedos. Fazendo desenhos guiados por moldes de metal, elas desenvolvem a capacidade de usar um lápis. Assim, quando finalmente são motivadas a escrever, podem fazer isso com pouca frustração. Quinto, os materiais começam como expressões concretas de idéias e então, gradualmente, tornam-se mais abstratos. A idéia de um triângulo, por exemplo, poderia começar como um sólido triângulo de madeira que pudesse ser explorado sensorialmente. Mais tarde, a criança passaria para triângulos chatos de madeira que pudessem encaixar-se em caixas de madeira; depois, para triângulos de papel com cores fortes e, por fim, para triângulos levemente delineados no papel. E, sexto, como os materiais de Montessori são projetados para a auto-educação, eles são preparados de modo que as crianças possam reconhecer os próprios erros ao trabalharem com eles, em vez de terem esses erros apontados por outra pessoa.[20]

O professor que utiliza o método Montessori junta os elementos volitivos, intelectuais e físicos num ambiente de sala de aula que é apropriado para as crianças ("Ele junta as energias"). Através de cuidadosa observação e experimentação, o professor certifica-se de que a sala de aula evoca a inteligência ativa ou a qualidade do terceiro raio da alma da criança, que é a capacidade interior de um autodesenvolvimento construtivo ("e faz com que

---

20. P. P. Lillard, *Montessori: A Modern Approach* (Nova York: Schocken Books, 1972), pp. 60-63.

sirvam ao terceiro"). "Todas as qualidades físicas ou intrínsecas dos objetos devem ser determinadas não apenas pela reação imediata da atenção que provocam nas crianças mas também por seu... poder de evocar a colaboração efetiva das atividades mais elevadas (comparação, julgamento)."[21] Assim, a influência do professor sobre as crianças é basicamente indireta. Em vez de comunicar diretamente informações e fatos, o professor prepara um ambiente especial dentro do qual as crianças entram, capacitando-as a aprender e a crescer através dos próprios esforços ("assim, ele cria o vórtice dentro do qual o indivíduo necessitado de ajuda precisa descer"). Conforme observou Montessori, "por mais que você fale, fale e fale, nunca consegue realizar nada porque a criança só aprende de forma indireta".[22]

Não obstante, o professor permanece com as crianças para observá-las e introduzir os materiais ("e com ele vai o terapeuta"). Todos os objetos devem ser apresentados no momento correto do desenvolvimento da criança e a sua introdução é chamada de "a lição fundamental". Esta lição não apenas fornece à criança uma explicação sobre o novo material e suas possibilidades, como também permite que o professor descubra mais coisas sobre a criança. Neste sentido, "a lição corresponde a um experimento".[23] Essas lições geralmente são dadas individualmente, por ser improvável que duas crianças estejam exatamente no mesmo ponto de desenvolvimento. A escolha do momento certo para apresentar a lição requer sensibilidade e experiência, pois o professor está momentaneamente retirando a iniciativa da criança.

> Numa tarefa assim tão delicada, uma grande sabedoria deve sugerir o momento e limitar a intervenção para que não seja

---

21. Montessori, *The Advanced Montessori Method*, vol. 1, p. 75.
22. M. Montessori, *Reconstruction in Education* (1948; reimpressão; Wheaton, IL: Theosophical Press, 1964), p. 10.
23. Montessori, *The Montessori Method*, p. 107.

produzida nenhuma perturbação ou desvio de rota e que, em vez disso, possamos ajudar a alma que está entrando na plenitude da vida e que deve viver com as *próprias forças*.[24]

A não ser pela apresentação de novos materiais e pelo controle do comportamento ofensivo, o professor atua apenas como observador e evita toda interferência com a criança ("E, não obstante, ambos permanecem calmos e em paz"). Segundo Montessori, "Elogios, ajuda ou mesmo um olhar podem ser suficientes para interrompê-la e destruir a atividade. Conquanto pareça estranho, às vezes basta que a criança tome consciência de estar sendo observada para que isto aconteça".[25] Com essa liberdade, as crianças conseguem escolher as suas atividades e determinar o próprio ritmo de trabalho com os materiais educativos.

Após a qualidade do terceiro raio ser evocada de dentro de cada criança, ela desce para a sala de aula na forma de atividade inteligente, coordenada e intencional ("Portanto, o anjo do Senhor precisa descer ao fundo comum"). Esse trabalho resulta em auto-aperfeiçoamento, integração e no preenchimento do padrão interior com que as crianças nasceram ("e levar a vida curativa"). Como esse trabalho satisfez uma necessidade interior, as crianças parecem estar satisfeitas, tranqüilas e descansadas depois de uma atividade vigorosa. Montessori salienta "que o prazer da criança é realizar grandes feitos para a sua idade; que a verdadeira satisfação da criança é esforçar-se ao máximo na tarefa que tem em mãos; que a felicidade consiste na atividade bem orientada do corpo e da mente no sentido da excelência; que a força da mente, do corpo ou do espírito seja adquirida através do exercício e da experiência".[26]

A abordagem educacional de Montessori tem sido amplamente utilizada com grande sucesso em muitos tipos de crianças, mas

---

24. Montessori, *The Montessori Method*, p. 115.
25. Montessori, *The Absorbent Mind*, pp. 273, 274.
26. M. Montessori, *What You Should Know About Your Child* (1948; reimpressão; Madras, Índia: Kalakshetra Publications, 1961), p. 131.

é especialmente apropriada como um método de integração da personalidade para crianças com deficiências ou carências. Conforme observamos antes, Montessori trabalhou de início com crianças mentalmente retardadas e, mais tarde, com crianças filhas de pais extremamente pobres. Como essas crianças poderiam ter tido pouquíssimo aprendizado anterior, ela incluiu em seu método as atividades mais simples da vida: como tomar banho, vestir-se, carregar e tocar as coisas, ouvir e ver. As crianças provenientes de famílias muito pobres com freqüência sentiam-se desesperadas e derrotadas e tinham dificuldade para desenvolver confiança na vida ou nos próprios poderes. A ênfase de Montessori em atividades construtivas ajudou essas crianças a desenvolverem uma auto-imagem positiva. Quando conseguem utilizar sozinhas os materiais da sala de aula, elas aprendem a apreciar o seu valor e habilidades. A ênfase de Montessori na preparação interior dos professores também é importante. Ao cultivar um espírito de confiança na criança, qualquer que seja a sua origem social, um professor estará adotando a atitude necessária para despertar o seu amor e interesse.[27]

Quarto Raio

> O terapeuta sabe onde a dissonância é encontrada. Ele também conhece o poder do som e o som que deve ser ouvido. Conhecendo a nota à qual o quarto grande grupo reage e ligando-a ao grande Nove Criativo, ele faz soar a nota que traz libertação, a nota que vai trazer absorção para a unidade. Ele educa o ouvido daquele que precisa ser curado e também treina o ouvido daquele que tem de seguir em frente. Ele conhece a natureza do som que traz o toque curativo; e também daquele que diz: Afaste-se. E assim o trabalho é feito.[28]

---

27. Lillard, *Montessori: A Modern Approach*, pp. 143, 144.
28. Bailey, *Esoteric Healing*, p. 709.

O nome do quarto raio é harmonia através do conflito, e sua qualidade básica é a unificação. Numa interpretação literal da fórmula do quarto raio, vários tipos de sons são empregados para levar harmonia a diversas situações adversas. Como Bailey afirma que "som é cor e cor é som",[29] devemos interpretar a quarta fórmula como uma descrição do processo de cura através de sons ou cores. Do ponto de vista da física, o som e a cor estão estreitamente relacionados porque ambos são manifestações de um mesmo fenômeno chamado vibração. O som e as ondas de luz, todavia, diferem com respeito às suas freqüências vibratórias e ao meio de transmissão.

As duas primeiras sentenças da fórmula descrevem três passos preliminares para o uso de sons ou cores na cura. Primeiro, o terapeuta diagnostica a condição discordante, identificando as necessidades específicas e áreas de sofrimento ("O terapeuta sabe onde a dissonância é encontrada"). Segundo, ele determina os sons ou cores que têm o poder de aliviar o sofrimento ("Ele também conhece o poder do som"). E, terceiro, o terapeuta determina como aplicar esses sons ou cores de tal maneira que eles sejam ouvidos ou vistos pelo beneficiário, permitindo a ocorrência da cura ("e o som que deve ser ouvido").

As três sentenças seguintes descrevem cinco diferentes áreas para a aplicação de sons ou cores na cura. Para compreender a primeira sentença, é necessário rever algumas informações básicas sobre as atividades profissionais dos seres humanos. Segundo Bailey, existem nove diferentes tipos de grupos profissionais e um décimo tipo sintético, que é constituído por representantes dos outros nove. A Tabela 2 (p. 47), relaciona e descreve os nove tipos de grupos profissionais. Cada tipo tem uma contraparte interior dentro do quinto reino ou reino espiritual da natureza.

---

29. A. A. Bailey, *Letters on Occult Meditation*, (1922; reimpressão. Nova York: Lucis Publishing Company, 1974), p. 205. [*Cartas sobre Meditação Ocultista*, Editora Pensamento, São Paulo, 1984.]

Tabela 2. Nove Tipos de Grupos de Serviço*

Número	Nome	Descrição
1	Comunicadores Telepáticos	"Essas pessoas são receptivas às impressões dos Mestres e umas das outras; elas são as guardiãs dos propósitos do grupo e, portanto, estão estreitamente relacionadas com todos os outros tipos de grupo."
2	Observadores Treinados	"Seu objetivo é enxergar com clareza através de todos os acontecimentos e através do tempo e do espaço, por meio do estudo e do uso da intuição."
3	Terapeutas Magnéticos	"Eles trabalham inteligentemente com a força vital do corpo etérico... O trabalho a ser feito é a transmissão inteligente de energia para as diversas partes da natureza — mental, emocional e física."
4	Educadores da Nova Era	"Seu trabalho é no sentido da cultura e eles vão se esforçar para criar um novo tipo de educação. Eles darão ênfase à construção do antahkarana e ao uso da mente na meditação."

Número	Nome	Descrição
5	Observadores Políticos	"Eles vão trabalhar no mundo do governo humano, lidando com os problemas da civilização e com os relacionamentos existentes entre as nações. A criação de um melhor entendimento internacional será o seu principal objetivo."
6	Trabalhadores na Área da Religião	"Seu trabalho consiste em formular a doutrina universal da nova religião mundial. Trata-se de uma obra de síntese feita com amor e que vai enfatizar a unidade e a comunhão do espírito."
7	Servidores Científicos	"Eles vão revelar a espiritualidade essencial de todo trabalho científico motivado pelo amor à humanidade e o interesse pelo seu bem-estar, o que estabelece uma relação entre religião e ciência e traz à luz a glória de Deus por meio de Seu mundo tangível e de Suas obras."
8	Psicólogos	"Sua principal incumbência será relacionar-se através de técnicas aprovadas, com a alma e a personalidade, con-

Número	Nome	Descrição
		duzindo à revelação da divindade por meio do gênero humano. Eles também vão agir como transmissores da iluminação entre grupos de pensadores e como iluminadores do pensamento do grupo."
9	Financistas e Economistas	"Eles vão trabalhar com as energias e forças que se expressam através do intercâmbio e dos valores do comércio; vão lidar com a Lei da Oferta e da Procura e com o grande princípio da *Partilha*, que sempre orienta o propósito divino."

* Fonte: A. A. Bailey, *Discipleship in the New Age*, vol. 1 (1944; reimpressão; Nova York: Lucis Publishing Company, 1976), pp. 35-40.

Embora os grupos humanos do mesmo tipo sejam fragmentos desconexos, os grupos espirituais associados formam um todo completo. Cada grupo exterior tenta manifestar um tipo específico de energia que é incorporada por sua contraparte exterior. Dependendo do grupo exterior, a manifestação de energia pode se dar na forma de forças vitais curativas, descobertas científicas ou de novas idéias na área da educação, da política, da religião ou da economia. Para que essa manifestação ocorra, é preciso que o grupo externo tenha alcançado a união dentro de si mesmo e, depois, a unidade com sua contraparte espiritual interior.[30]

Na primeira área de aplicação, os sons e cores são usados como parte de um ritual para unificar um grupo de seres que deseja prestar serviço ao mundo. Nenhum trabalho em equipe é possível sem que os seus membros participem de alguma forma de ritual que produza uma uniformidade de ação. Através da experimentação o terapeuta adquire conhecimentos a respeito dos sons e cores específicos, aos quais respondem os membros do quarto reino ou reino humano da natureza ("Conhecendo a nota à qual o quarto grande grupo reage") e que liga os membros aos nove grupos de serviço especializados dentro do reino espiritual ("e ligando-a ao grande Nove Criativo"). Mais tarde, o terapeuta conduz um ritual para ajudar os membros de um grupo externo a se libertar de suas preocupações individuais e alcançar a unidade entre si mesmos ("ele faz soar a nota que traz libertação"). Os membros precisam aprender a cooperar uns com os outros, subordinando suas idéias de crescimento pessoal às necessidades do grupo. Em seguida, o terapeuta conduz um outro ritual para ajudar os membros a serem absorvidos pelo propósito único de servir à humanidade ("a nota que vai trazer absorção para a unidade"). Quando o grupo tem sucesso em fundir-se com o seu propósito, ele se torna unido à sua contraparte dentro do reino

30. A. A. Bailey, *The Externalisation of the Hierarchy*, 1957; reimpressão; Nova York: Lucis Publishing Company, 1976), pp. 38, 47; Bailey, *Esoteric Psychology*, vol. 2, pp. 182, 193, 194.

espiritual, e assim consegue receber inspiração e orientação daquele grupo mais evoluído.[31]

Muitas abordagens são possíveis para o uso de sons num ritual de grupo. O senso de unidade do grupo, por exemplo, pode ser promovido ouvindo-se ou cantando-se qualquer música que expresse as emoções ou aspirações coletivas, tais como os hinos nacionais ou religiosos, marchas e canções folclóricas. Segundo Roberto Assagioli, a mais elevada e eficaz expressão desse tipo de música é a Nona Sinfonia de Beethoven, que inclui um coro clamando pela fraternidade universal.[32] Trinta e cinco anos após Assagioli ter publicado pela primeira vez essa afirmação, jornalistas relataram que a Nona Sinfonia de Beethoven foi a principal música unificadora usada pelo movimento democrático chinês, em 1989, e pelo movimento de independência lituano, em 1990. Outros exemplos do uso de sons num ritual de grupo incluem dizer ou entoar em uníssono juramentos de fidelidade, orações, afirmações ou mantras em sânscrito.

Também são possíveis muitas abordagens para o uso de cores num ritual de grupo. Sacerdotes e ministros religiosos muitas vezes usam túnicas coloridas e realizam cerimônias que incluem o acendimento de velas. Um exército ou uma banda em marcha alcança um senso de unidade de grupo usando uniformes da mesma cor. Um líder de um grupo de meditação poderia orientar os membros a visualizarem uma determinada seqüência de símbolos e de cores.

A sentença seguinte da fórmula descreve a segunda área de aplicação. Usando os sons e cores apropriados, o terapeuta treina

---

31. A. A. Bailey, *Esoteric Psychology*, vol. 1 (1936; reimpressão; Nova York: Lucis Publishing Company, 1975), p. 363; A. A. Bailey, *The Rays and the Initiations* (1960; reimpressão; Nova York: Lucis Publishing Company, 1976), pp. 211-213.

32. R. Assagioli, M.D., *Psychosynthesis* (1965; reimpressão; Nova York: Penguin Books, 1987), p. 250. [*Psicossíntese*, Editora Cultrix, São Paulo, 1982.]

ou condiciona o corpo emocional de um paciente que precisa ser curado por algum outro meio. ("Ele educa o ouvido daquele que deve ser curado".) Suponha, por exemplo, que um paciente precise passar por uma cirurgia ou tratamento dentário. A música freqüentemente é usada para ajudar esses pacientes a se relaxarem e a se sentirem à vontade, e alguns grandes hospitais têm usado música para apressar ou facilitar a anestesia em seus centros cirúrgicos. A música é particularmente útil para pacientes que se acham tão tensos e nervosos que os sedativos usuais não são muito eficazes e para os pacientes que estão demasiado velhos ou doentes para receber sedativos. Em todos esses casos a música deve ser suave, baixa e calmante. É também importante ter as cores certas nas paredes e na mobília. Determinados tons de azul, por exemplo, produzem um efeito tranqüilizante e harmonizador.[33]

Como um segundo exemplo, suponha que um paciente necessite submeter-se a uma psicoterapia. O uso de música apropriada pode ajudar a promover os dois grandes objetivos da psicoterapia: trazer à tona elementos psicológicos que foram reprimidos e liberar e transmutar certas energias emocionais e instintivas. Dependendo de seu propósito específico, a música pode ser utilizada antes, durante ou depois do tratamento psicoterapêutico. O uso de cores apropriadas também ajuda a promover os mesmos objetivos porque uma cor pode ter um efeito estimulante, restaurador ou sedativo.[34]

A próxima sentença da fórmula refere-se à morte. Os hindus e budistas geralmente acreditam que o último pensamento no momento da morte determina o futuro da alma. Em *Bhagavad Gita*, por exemplo, Sri Krishna diz: "Qualquer que seja o objeto dos pensamentos de um homem no momento final, quando deixa o corpo, é apenas isto o que ele obtém."[35] De acordo com essa

---

33. Assagioli, *Psychosynthesis*, pp. 247, 256, 285.

34. Assagioli, *Psychosynthesis*, pp. 256, 257, 286.

35. Swami Nikhilananda, *The Bhagavad Gita* (1944; reimpressão; Nova York: Ramakrishna-Vivekananda Center, 1969), p. 199.

crença, embora a vida sempre continue após a morte física, o modo como morremos determina se teremos a iluminação imediata, se precisaremos reencarnar e, se for este o caso, as condições da nossa próxima encarnação. Se esta crença for verdadeira, então uma pessoa agonizante deve fazer um vigoroso esforço para enfrentar a morte com calma e lucidez, ter um intelecto corretamente treinado e dirigido, e transcender mentalmente qualquer dor corporal. As tradições orientais destacam a importância de se influenciar os moribundos de uma maneira positiva, ajudando-os a obter sucesso em suas últimas experiências de vida física.

Na terceira área de aplicação, o terapeuta treina a consciência de alguém que está morrendo e precisa seguir adiante numa experiência de além-túmulo ("e também treina o ouvido daquele que tem de seguir em frente"). Aqui são possíveis várias abordagens. O terapeuta poderia tocar determinados tipos de música, em princípio música com um acorde constantemente recorrente, ou poderia entoar audivelmente certas frases de mantra com o propósito de incutir essas frases na consciência da pessoa agonizante. No budismo tibetano um monge recitaria trechos do *Tibetan Book of the Dead* [*O Livro Tibetano dos Mortos*], que é um livro de instruções para os mortos e agonizantes.[36]

O uso de cores também pode ser útil. Se o indivíduo agonizante não tiver nenhuma possibilidade de se recuperar, por exemplo, seria aconselhável instalar luzes laranja no quarto do doente. Como o laranja facilita a atenção e a vivacidade, a instalação de luzes dessa cor ajuda a pessoa agonizante a se retirar do corpo físico plenamente desperta e consciente. Se a pessoa for capaz de se retirar conscientemente, não haverá nenhum hiato entre o senso de consciência no plano físico e o estado posterior à morte. O indivíduo permanece consciente de todos os fenômenos relacionados com o processo de morrer. Após a ocorrência

---

36. W. Y. Evans-Wentz, *The Tibetan Book of the Dead* (3ª edição; Nova York: Oxford University Press, 1957). [*O Livro Tibetano dos Mortos*, Editora Pensamento, São Paulo, 1985.]

da transição, a pessoa descobre que é a mesma de antes, embora sem um aparato através do qual possa fazer contato com o mundo físico. Nesse meio-tempo, o corpo físico fica silencioso e vazio, e começa a se desintegrar.[37]

Para compreender a próxima sentença da fórmula de Bailey, é necessário rever algumas informações a respeito da vibração. Todo corpo físico (como a madeira, o metal ou a carne viva) vibra de acordo com um determinado padrão, nota tônica ou freqüência natural, embora essa vibração possa ser imperceptível às faculdades humanas normais. A freqüência natural de um corpo é determinada por sua forma, massa, peso e constituição molecular. Quando uma onda de som de uma certa freqüência atinge um corpo que vai vibrar na mesma freqüência, a vibração do corpo é chamada de *vibração simpática*. O reforço sonoro causado pela vibração simpática é chamado de *ressonância*. Se uma onda sonora fizer um corpo vibrar simpaticamente numa freqüência que não é a sua freqüência natural, a vibração do corpo será chamada de *vibração forçada*.

Se você batesse de leve na borda de um copo de vinho, por exemplo, o som produzido revelaria a freqüência natural desse copo. Se um cantor cantar num tom exatamente igual à freqüência natural desse copo, a vibração simpática imposta sobre o copo poderá fazê-lo partir-se. Para dar um outro exemplo, suponha que você afine dois violinos, segure um e coloque o outro a alguns metros de distância. Se você passar um arco sobre uma corda no violino que estiver segurando, então essa corda vai vibrar em sua freqüência natural. Além do mais, a corda correspondente do outro violino também vai começar a emitir som, ilustrando tanto a vibração simpática como a ressonância.

Na quarta área de aplicação, o terapeuta usa os sons e cores apropriados para levar cura física ou emocional para os pacientes ("Ele conhece a natureza do som que traz o toque curativo").

---

37. Bailey, *A Treatise on White Magic*, pp. 498, 505-507.

Consideremos alguns métodos que resultam na cura física. Antes de mais nada, os sons de uma determinada nota — ou seja, de freqüências específicas — podem afetar o corpo físico do paciente. Conforme discutimos nos parágrafos anteriores, cada órgão ou estrutura do corpo tem freqüência natural própria. A doença pode ocorrer num órgão quando ele é forçado a vibrar numa freqüência diferente da sua verdadeira freqüência natural. A abordagem curativa consiste em determinar a freqüência natural de um órgão doente, e então aplicar sons com essa freqüência. A vibração simpática aplicada a um órgão doente fará com que esse órgão retorne à sua freqüência natural, o que poderá restaurar a saúde.[38]

Quando usamos freqüências específicas para a cura, podemos gerar sons de duas maneiras diferentes: através de uma fonte externa ao paciente, como instrumentos musicais, voz ou aparelhos eletrônicos especiais, ou, então, através da própria voz do paciente. Em qualquer dos casos devemos conhecer com precisão o tom exato a ser emitido. São conhecidas, por exemplo, as freqüências naturais, em ciclos por segundo, de diversos órgãos do corpo, incluindo o cérebro e o coração. Segundo a tantra yoga, o entoar do som de mantra correto pode energizar e equilibrar qualquer chakra. Randall McClellan associa cada glândula endócrina a uma determinada nota e som de vogal. Usando um instrumento especial para gerar sons da freqüência desejada, Peter Guy Manners, um terapeuta especializado no tratamento de ossos, tem cuidado de doenças reumáticas, artrite, fraturas, distensões musculares, torcicolos, hérnias de disco, fibrose e paralisia. Todavia, é necessário que sejam realizadas exaustivas pesquisas experimentais antes que esse método de cura possa ser empregado com alguma segurança.[39]

---

38. R. McClellan, Ph.D., *The Healing Forces of Music* (Amity, NY: Amity House, 1988), pp. 48, 49.

39. McClellan, *The Healing Forces of Music*, pp. 41, 49, 53, 54, 67, 71, 90-92.

Sons na forma de tratamento de sugestão também podem produzir a cura física. A teoria subjacente neste caso é a existência de três tipos de mente que afetam a saúde do corpo físico: as mentes consciente, subconsciente e celular. A *mente consciente* diz respeito àquilo que a pessoa acredita ou sabe ser verdadeiro acerca de si mesma — qualidades, características, poderes, tendências e realizações. A *mente subconsciente* governa a natureza instintiva do indivíduo e tem diversas camadas: todos os desejos reprimidos e não-reconhecidos, culpas e impulsos; todas as tendências herdadas e predisposições inatas; a administração e a coordenação de todos os processos corporais, incluindo digestão, assimilação e eliminação; e, por fim, a consciência de grupo da soma total das células corporais. A *mente celular* é a inteligência de uma célula individual no corpo, e revela conhecimento instintivo, adaptação e memória. O tratamento por sugestão pode modificar as crenças da mente consciente e instruir a mente subconsciente. Depois, a mente subconsciente pode reorganizar as atividades de muitos órgãos e células, o que produz a cura física.[40]

Yogi Ramacharaka oferece ao terapeuta as seguintes regras para tratamento por sugestão: "Cultive em si mesmo uma postura de seriedade — o que significa ter em vista os melhores interesses do paciente. Atue com este propósito, mantenha-se concentrado e tenha autoconfiança. Cultive também um poderoso olhar, fixo e intenso, e uma bela voz sugestiva — cujo tom transmita força, sensibilidade e seriedade. Coloque o paciente numa posição confortável e ajude-o a manter uma estrutura mental calma, pacífica e relaxada. Ministre o tratamento num local livre de distrações, de modo que o paciente possa dedicar a ele toda a sua atenção. Repita as idéias fundamentais do tratamento vezes e vezes seguidas, não de uma forma monótona, mas em diversas combinações de palavras. Durante o tratamento, reforce a idéia do poder da mente, descreva as condições adequadas e normais

---

40. Bailey, *Esoteric Psychology*, vol. 2, pp. 65, 440.

Tabela 3. O Uso de Cores para a Cura*

Cor	Descrição	Doenças
Vermelho	"Vibração que aquece, vitaliza e estimula."	Doenças hematológicas, anemia, debilidade física, esgotamento, má circulação, paralisia e tuberculose pulmonar.
Laranja	"Cor quente, positiva e estimulante, influenciando principalmente os processos vitais de assimilação e de circulação."	Doenças nervosas e mentais, asma, bronquite, expectoração e epilepsia.
Amarelo	"Uma vibração positiva e magnética, com um efeito tônico sobre os nervos."	Dispepsia, diabete e prisão de ventre.
Verde	"Uma vibração de harmonia e equilíbrio... Calmante e simpática, ela não excita, não inflama nem irrita."	Problemas cardíacos, pressão alta e dores de cabeça.
Azul	"Vibração fria, com propriedades soníferas e adstringentes.	Laringite, dor de garganta, rouquidão, bócio, febres, palpi-

Cor	Descrição	Doenças
		tação, ataques de raiva, cólicas, icterícia, escoriações, cortes e queimaduras na pele.
Anil	"Expulsa da consciência os elementos negativos."	Surdez, catarata, *Delirium tremens*, inflamação nos olhos, pneumonia e distúrbios mentais.
Violeta	"Corresponde aos elementos mais elevados da natureza humana."	Doenças nervosas, insônia, doenças mentais e catarata.

* Fonte: S. G. J. Ouseley, *The Powers of the Rays: The Science of Colour Healing* (1951; reimpressão; Essex, Inglaterra: L. N. Fowler, 1986), pp. 69-80.

da digestão, assimilação e eliminação, e também o funcionamento apropriado dos órgãos específicos que estão causando problemas. Nunca faça qualquer referência à condição de doença, mas fale sempre da condição que você deseja ver instalada. Ajude o paciente a imaginar em sua mente a desejada e esperada condição de saúde.[41]

A música pode produzir cura emocional porque tem o poder de criar disposição de ânimo e evocar respostas emocionais.

41. Yogi Ramacharaka, *The Science of Psychic Healing* (1909; reimpressão; Chicago: Yogi Publication Society, 1937), pp. 123-134. [*A Ciência da Cura Psíquica*, Editora Pensamento, São Paulo, 1976.]

Diversos estudos científicos investigaram os efeitos da música sobre o estado de humor, e vários terapeutas desenvolveram sistemas de cura baseados na música. Por exemplo: músicas cuidadosamente escolhidas podem ajudar uma pessoa deprimida a ficar mais alegre, uma pessoa nervosa e agitada a ficar mais tranqüila, uma pessoa reservada ou séria a ficar mais descontraída, ou uma pessoa tímida a ficar mais dramática e positiva.[42]

Quando se aplica a musicoterapia não se pode prescrever uma seleção musical que seja sempre apropriada para todas as pessoas que tenham o mesmo distúrbio emocional. As pessoas podem ser afetadas de forma diferente pela mesma música porque as suas reações emocionais dependem de variáveis, como o tipo de dia que estão tendo, suas preocupações e interesses, se estão se sentindo confortáveis fisicamente, suas associações no passado, sua familiaridade com o idioma musical que a composição representa e suas preferências pessoais. Além disso, suas preferências musicais modificam-se com o desenvolvimento da personalidade e os desdobramentos da vida interior.[43]

As cores também contribuem para a saúde física e emocional, podendo ser administradas de diversas maneiras. O terapeuta pode aplicar luzes coloridas diretamente sobre o corpo físico do paciente ou usar o poder do pensamento, visualizando o paciente sendo banhado por uma determinada cor. Alternativamente, o paciente poderia usar cores selecionadas ou praticar a *respiração colorida*, que é uma respiração ritmada e profunda combinada com a visualização de uma determinada cor.

Determinadas cores podem afetar certas doenças, amenizar distúrbios nervosos e tendências emocionais e ajudar a produzir novos tecidos. Segundo Bailey, o laranja estimula a atividade do corpo etérico e elimina a congestão. O rosa atua sobre o sistema

---

42. McClellan, *The Healing Forces of Music*, pp. 139, 140.

43. M. P. Hall, *The Therapeutic Value of Music Including the Philosophy of Music* (Los Angeles: The Philosophical Research Society, 1982), p. 13.

nervoso, ajuda a eliminar a debilidade e a depressão e aumenta o desejo de viver. O verde tem um efeito curativo generalizado e é útil em casos de febre e inflamação.[44] S. G. J. Ouseley oferece uma discussão mais aprofundada da cura pela cor do que a que é apresentada na Tabela 3.

O som tanto pode trazer coesão como perturbar; as cores tanto podem destruir como curar. Na quinta e última área de aplicação, o terapeuta usa certos sons ou cores que provocam a eliminação do tecido doente, constituindo uma abordagem alternativa em relação à cirurgia ("e também daquele que diz: Afaste-se"). Nos últimos anos, a medicina fez experiências com ondas ultra-sônicas, que são ondas sonoras cujas freqüências estão acima do limite superior da capacidade auditiva humana, e tem utilizado essas ondas para realizar cirurgias no corpo físico. A relação das aplicações cirúrgicas dessa abordagem é bem diversificada e inclui a remoção de tumores, a destruição de cálculos renais, cirurgias oftálmicas, esplenectomia parcial e cirurgias no cérebro.

A palavra *laser** é um acrônimo de amplificação de luz por emissão estimulada de radiação e se refere a um aparelho que gera e amplifica luz coesa. Ao contrário da luz comum, a luz coesa apresenta uma única freqüência, uma única intensidade e um padrão ondulatório uniforme. Nos últimos anos, os médicos têm usado *laser* para realizar diversos tipos de cirurgia: oral, torácica, ginecológica e em neurocirurgias; na remoção de tumores do cérebro e da espinha; e em procedimentos de excisões em dermatologia. A cirurgia a *laser* às vezes é chamada de "cirurgia sem sangue" porque tem a vantagem de produzir cauterização em torno da excisão.

A formação de imagens mentais tem sido usada ao longo dos séculos em muitas culturas tradicionais para tratar uma grande variedade de distúrbios físicos e essa abordagem está agora sen-

---

44. Bailey, *Letters on Occult Meditation*, pp. 247, 248.

* Em inglês, *Light Amplification by Stimulated Emission of Radiation* (N. do T.)

do investigada por diversas publicações científicas de primeira linha. Casos documentados têm demonstrado que a cor, como parte de um tratamento de visualização curativa, pode remover do corpo físico o tecido doente. O psiquiatra Gerald Epstein, por exemplo, relatou um caso em que ajudou uma mulher a tratar diversos tumores uterinos fibróides usando imagens mentais. Em vez de submeter-se à cirurgia recomendada por seu ginecologista, ela visualizou a aplicação mental de *lasers* azuis e dourados em seus tumores. Depois de três ciclos de aplicações ela não precisava mais de cirurgia nem do acompanhamento de seu ginecologista. A visualização completa que ela utilizou é a seguinte:

> Feche os olhos. Respire três vezes. Veja-se entrando em seu corpo por qualquer parte que preferir. Leve uma luz com você. Encontre o caminho até o seu útero e examine os tumores fibróides para determinar a sua localização, tamanho e cor. Pegue um tubo de luz *laser* azul e focalize-o diretamente sobre os tumores, vendo-os diminuir de tamanho e murchar; em seguida, dirija um tubo de *laser* dourado em torno da base dos tumores e, cirurgicamente, use-o para fazer a excisão dos tumores fibróides que permaneceram após o uso da luz *laser* azul. Veja o *laser* dourado fazer um corte circular em volta da base desses tumores já encolhidos e, então, remova-os com as mãos. Em seguida, encontre o tubo de *laser* da cor correta para promover o crescimento de células sadias nesses locais e veja toda a área curada e exatamente com o mesmo aspecto do tecido sadio circundante. Após as células normais terem sido estimuladas e a cura ter ocorrido, saia de seu corpo pelo caminho por onde entrou. Quando estiver fora do corpo, expire e abra os olhos.[45]

---

45. G. Epstein, M.D., *Healing Visualizations: Creating Health with Imagery* (Nova York: Bantam Books, 1989), pp. 162, 163.

Esta visualização de cores e imagens transmitiu as necessárias instruções à mente subconsciente, a qual, então, realizou a cirurgia interior.

Em suma, a aplicação da fórmula do quarto raio compreende quatro passos. Conforme indica a primeira e a segunda sentenças, o primeiro passo é o diagnóstico da condição discrepante, o segundo passo é a determinação dos sons ou cores específicos que podem ser úteis, e o terceiro passo é a determinação do modo como esses sons e cores podem ser aplicados de maneira eficaz. De acordo com a indicação da terceira, da quarta e da quinta sentenças da fórmula, existem cinco áreas básicas de aplicação para essa abordagem de cura: unificação de um grupo de seres humanos; treinamento ou condicionamento do corpo emocional de um paciente que precisa receber tratamento através de algum outro meio; preparação da consciência de uma pessoa que está morrendo; promoção direta da cura física ou emocional; e remoção de tecido doente. O quarto e último passo é a aplicação efetiva dos sons e cores apropriados com um desses cinco objetivos, o que completa o processo ("E assim o trabalho é feito").

Quinto Raio

> O que foi dado deve ser usado; o que emerge a partir de um determinado método encontrará o seu lugar no plano do terapeuta. Aquilo que está oculto deve ser visto e, a partir dos três, um grande conhecimento emergirá. É isso o que o terapeuta busca. A isso o terapeuta acrescenta os dois que são como um e, assim, o quinto deve fazer a sua parte, os cinco devem fazer a sua parte, e os cinco devem funcionar como um. As energias descem, atravessam e desaparecem, deixando aquele que poderia responder com o karma ainda por dissipar e levando com elas aquele que talvez não reaja dessa maneira e, portanto, deve igualmente desaparecer.[46]

46. Bailey, *Esoteric Healing*, p. 710.

O nome do quinto raio é ciência ou conhecimento concreto, e a qualidade básica é o discernimento. Como a fórmula do quinto raio descreve uma teoria geral da educação, devemos nos referir ao terapeuta como professor e ao beneficiário como estudante. Esta teoria da educação é aplicável a professores e estudantes de todos os níveis, e descreve como selecionar o currículo e transmitir o conhecimento concreto de uma maneira efetiva.

A educação eficaz deve incluir dois tipos de esforços. O primeiro é no sentido de transmitir conhecimentos aos estudantes por meio de fatos e informação ("Aquilo que foi dado"). O segundo consiste em encorajá-los a usar o conhecimento que tiverem acumulado de modo que tenham experiências práticas e ampliem sua compreensão ("deve ser usado"). Assim, a educação eficaz é mais do que um simples treinamento de memória, como enfatizavam os métodos educacionais do passado. Isto também indica as metas que os estudantes podem alcançar através de seus esforços e promete iluminação adicional para aqueles que alcançarem as metas.[47]

Alcançar uma iluminação adicional equivale a construir mais um elo entre as diversas partes ou veículos da constituição interior humana. Como os seres humanos integram os seus veículos interiores numa determinada ordem, o currículo deve refletir essa mesma ordem. Dessa maneira, os estudantes têm a capacidade de aplicar a informação que receberam e obtêm ajuda para alcançar o estágio seguinte de sua integração. O professor precisa identificar o veículo onde está basicamente concentrada a atenção de um determinado estudante e, então, orientar o estudante de tal modo que torne possível uma mudança de enfoque para o próximo veículo superior. Em outras palavras, o veículo que parece ser o mais importante pode e deve passar a ter importância secundária na medida em que ele se torna simplesmente um instru-

---

47. A. A. Bailey, *Education in the New Age*, (1957; reimpressão; Nova York: Lucis Publishing Company, 1974), pp. 1, 3, 82.

mento daquilo que é maior do que ele. Quando o centro da consciência do estudante emerge de dentro do próximo veículo mais elevado, ele estará pronto para receber o próximo segmento do currículo do professor ("aquilo que emerge a partir de um determinado método encontrará o seu lugar no plano do terapeuta").

Se o corpo físico for o centro da vida do estudante, por exemplo, então o objetivo do processo educacional será despertar a natureza emocional. Se o corpo emocional for o centro, o objetivo do processo educacional será fazer da mente concreta o fator dominante. Se a mente concreta for o centro, o objetivo será promover a plena expressão da atividade da alma. Deste modo, o progresso é feito passo a passo até se alcançar o topo da escada.[48]

Quando os estudantes tiverem dominado uma parte do currículo — o que significa que eles mudaram o foco de sua atenção para o veículo imediatamente superior —, este domínio deve manifestar-se em seu comportamento físico ("Aquilo que está oculto deve ser visto"). Embora inicialmente possa haver um conflito entre as antigas e as novas maneiras de o estudante atuar no plano físico, acabará havendo necessariamente uma demonstração tangível de sua integração superior. Ele poderá, por exemplo, ter diferentes interesses, ser mais eficaz ou criativo em seu trabalho ou passar a conviver com outros tipos de pessoas. Assim, a aceitação da matrícula dos estudantes não deve se basear em exames competitivos, os quais geralmente só verificam se eles memorizaram o conhecimento que lhes foi transmitido. A própria vida irá demonstrar se eles já estão prontos para passar a um nível mais elevado.

Qualquer parte do currículo deveria consistir numa instrução apropriada e equilibrada a respeito dos mundos físico, emocional e mental ("os três"). Para aqueles que estão expandindo a mente concreta, por exemplo, o conhecimento transmitido poderia incluir informações a respeito de dieta e exercícios,

---

48. Bailey, *Education in the New Age*, pp. 6, 7.

métodos para superar emoções negativas, e os valores e ideais encontrados na história e na literatura. Para aqueles que estão expandindo a natureza da alma, o conhecimento poderia incluir exercícios respiratórios, técnicas de visualização que liberam o poder da imaginação e instruções sobre meditação receptiva. O propósito da meditação receptiva é alinhar a mente concreta com a alma, ambas pertencendo ao plano ou mundo mental.[49]

Do ponto de vista dos estudantes, o conhecimento que está começando a ser transmitido é apenas um conhecimento de segunda mão porque eles ainda não enxergaram por si mesmos as verdades nele contidas. Portanto, os estudantes precisam fazer experiências com esses conhecimentos: implementar o método científico, utilizar testes, eliminar o que é falso, isolar os aspectos que requerem investigações adicionais e aplicar à vida pessoal aquilo que acreditam ser verdadeiro. Através deste processo, eles começarão a adquirir conhecimento de primeira mão e sabedoria. O conhecimento de segunda mão é teórico e baseado na confiança e na inteligência dos outros, ao passo que o conhecimento de primeira mão é comprovado e factual. A sabedoria é produto do conhecimento de primeira mão e consiste na capacidade de compreender o significado que está por trás dos fatos observados, somada ao poder de aplicar esses fatos de uma maneira prática. Tanto o conhecimento de primeira mão como a sabedoria são a conseqüência inteligente de trabalho duro e resultam de experimentos e da experiência, do aprendizado da significação do sucesso e do fracasso e da luta para seguir em frente rumo a uma luz maior e mais brilhante. Se os estudantes adotarem uma abordagem experimental, o resultado é que, a partir do conhecimento de segunda mão relativo aos três mundos — que foi transmitido a eles —, emergirão tanto o conhecimento de

---

49. Z. F. Lansdowne, *Rules for Spiritual Initiation* (York Beach, ME: Samuel Weiser, 1990), pp. 1-42. [*A Iniciação Espiritual — De acordo com os Princípios Estabelecidos por Alice Bailey*, Editora Pensamento, São Paulo, 1993.]

primeira mão quanto a sabedoria ("a partir dos três, um grande conhecimento emergirá").[50]

A próxima parte da fórmula fornece as qualificações que os professores devem adotar para ser eficientes. A terceira sentença descreve o desejado controle da natureza emocional e a quarta sentença faz o mesmo em relação à natureza mental.

Os indivíduos que estão inclinados a ser professores freqüentemente encontram satisfação no poder do raciocínio e têm orgulho de sua competência mental. Muitas vezes, por exemplo, eles se mostram suscetíveis aos seguintes *glamours* ou distorções emocionais: o *glamour* do intelecto, o *glamour* do conhecimento e da definição, e o *glamour* da segurança baseada num ponto de vista tacanho. Conseqüentemente, eles podem ficar tentados a organizar seus currículos ou a apresentar suas informações como uma maneira de demonstrar a própria superioridade mental. Os chamados metafísicos freqüentemente sucumbem a esse tipo de tentação, com cursos cheios de informações exóticas e incomuns, mas que não produzem modificações tangíveis na vida dos estudantes. Dessa maneira, os professores devem ter suficiente controle sobre a sua natureza emocional para permanecer dedicados a um propósito altruísta: promover a iluminação de seus estudantes ("É isso o que o terapeuta busca").[51]

Em vez de darem explicações bem-formuladas, por exemplo, os professores poderiam ser mais úteis se simplesmente levantassem questões e, ao mesmo tempo, com sutileza, introduzissem sugestões na mente dos estudantes. Com esta abordagem pedagógica os estudantes são encorajados a desempenhar um papel ativo, a despertar sua capacidade intuitiva e a descobrir o poder de encontrar as respostas por si mesmos. Os professores só podem aplicar persistentemente essa abordagem se tiverem

---

50. Bailey, *Discipleship in the New Age*, vol. 2, pp. 393, 394; Bailey, *A Treatise on White Magic*, pp. 14, 15.

51. A. A. Bailey, *Glamour: A World Problem* (1950; reimpressão; Nova York: Lucis Publishing Company, 1971), p. 122.

superado o desejo egoísta de serem admirados e respeitados por seu grande conhecimento.[52]

Consideremos o preparo mental necessário para isso. Além de ter conhecimento de primeira mão acerca dos aspectos físico, emocional e mental do currículo, os professores precisam ter sabedoria com respeito à aplicação do conhecimento e do discernimento aos estudantes — o que significa perceber os seus pontos de evolução e necessidades especiais. A sabedoria e o discernimento são duas facetas da capacidade de intuição ("A isso o terapeuta acrescenta os dois que são como um"). Portanto, todos os elementos do quinto plano ou plano mental devem fazer a sua parte ("e, assim, o quinto deve fazer a sua parte"): a mente concreta para o conhecimento, a alma para a sabedoria e a mente espiritual para o discernimento. Além do mais, os três tipos de conhecimento, a sabedoria e o discernimento devem trabalhar juntos de forma coordenada ("os cinco devem fazer a sua parte"). A expressão do conhecimento concreto, em especial, deve ser orientada pela sabedoria, que, por sua vez, tem de ser orientada pelo discernimento ("e os cinco devem funcionar como um").

O fundamental para a boa educação é não ter nenhum bloqueio ao livre fluxo natural de conhecimento. Qualquer que seja a parte do currículo, os estudantes inicialmente recebem no nível mental o conhecimento que lhes é transmitido. Contudo, a prática de se ficar lendo ou ouvindo instruções o tempo todo, sem transformá-las em ação no plano físico, é uma maneira de escapar da realidade. É uma forma de a pessoa se deixar levar pelos acontecimentos, de pensar mas não trabalhar, de ter a ilusão de progresso sem o esforço da realização. Para não bloquear o conhecimento, os estudantes precisam encontrar-se com ele de uma forma experimental e descobrir como aplicá-lo em sua vida cotidiana. Através desse processo, o conhecimento termina por manifestar-se ou precipita-se no plano físico ("As energias descem"), o que significa que ele molda a vida pessoal dos estudantes. Posteriormente, o

---

52. Bailey, *Education in the New Age*, p. 25.

conhecimento passa pelos estudantes na forma de atividades e discursos mais iluminados e, então, é recebido por outras pessoas do mundo exterior ("atravessam e desaparecem").[53]

Alguns professores tentam apegar-se a seus estudantes, pressionando-os a permanecerem leais e obedientes. Esses professores poderiam ser líderes de cultos onde os adeptos são explorados, pessoas que ganham prestígio por terem muitos seguidores, ou fundadores de movimentos filosóficos ou psicológicos que competem com movimentos rivais fundados por outros professores. Como esse espírito separativo também bloqueia o livre fluxo de conhecimento, ele não deve fazer parte do processo educacional. Se alguns estudantes tiverem a capacidade de aprender mais ou desejarem ser úteis, então eles poderão permanecer com os seus professores e dissipar ainda mais a ignorância ("deixando aquele que poderia responder com o karma ainda por dissipar"). Mas se outros estudantes tiverem aprendido tudo o que desejavam aprender, devem estar livres para partir e seguir o próprio caminho ("e levando consigo aquele que talvez não reaja dessa maneira e, portanto, deve igualmente desaparecer").

Sexto Raio

> Cortando as águas, deixando o poder descer, o terapeuta grita. Ele não se preocupa com o modo como as águas possam responder; elas freqüentemente trazem ondas tempestuosas e acontecimentos calamitosos e terríveis. O final é bom. O problema estará terminado quando a tempestade amainar e a energia tiver cumprido o seu destino predeterminado. O poder é forçado a penetrar diretamente o coração, e dentro de cada canal, nadi, nervo e do baço, o poder tem de buscar uma passagem e um caminho e, assim, confrontar o inimigo que se introduziu e se estabeleceu para viver. A expul-

53. Bailey, *Discipleship in the New Age*, vol. 2, p. 39; Bailey, *Esoteric Psychology*, vol. 2, pp. 711, 712.

são — implacável, brusca e completa — é empreendida por aquele que não vê nada menos que o funcionamento perfeito e não tolera nenhuma interferência. Esse perfeito funcionamento abre, então, a porta para a vida eterna ou para a vida na Terra, ainda que por pouco tempo.[54]

O sexto raio é chamado de raio da devoção ou idealismo, e sua qualidade básica é a dedicada sensibilidade a um ideal. No caso da fórmula do sexto raio, o ideal é a autocura, e a devoção a esse ideal é expressa através de um sistema de tratamento médico conhecido como homeopatia. Nesse sistema o objetivo é encontrar uma substância que, numa pessoa sã, causaria sintomas semelhantes àqueles que uma pessoa doente estivesse apresentando. Estabelecida uma correspondência, essa substância é ministrada em doses muito pequenas e seguras.

O médico alemão Samuel Hahnemann (1755-1843) cunhou a palavra *homeopatia* (*homoios* em grego significa "semelhante" e *pathos* significa "sofrimento") e foi o fundador dessa abordagem médica. Na época em que ele clinicava, o quinino era o remédio padrão para o tratamento da malária. Experimentando a droga em si mesmo, Hahnemann descobriu que o quinino fazia com que ele sentisse os principais sintomas da malária, incluindo febres intermitentes. Em outras palavras, ele descobriu que o tratamento para a malária provoca os sintomas da malária numa pessoa sadia. Conseqüentemente, Hahnemann chegou à seguinte conclusão: o quinino consegue curar a malária porque cria uma doença artificial dentro do corpo, semelhante à malária, que estimula os mecanismos de defesa do corpo a entrarem em ação. Depois de fazer experiências com outras drogas, ele formulou o princípio de que "semelhante cura semelhante", o que significa que um distúrbio é curado por uma droga que produz no corpo efeitos semelhantes ao distúrbio.

---

54. Bailey, *Esoteric Healing*, p. 711.

Hahnemann também cunhou a palavra *alopatia* (*allos* em grego significa "outro") e usou essa palavra para se referir ao tratamento da doença usando remédios que produzem efeitos diferentes ou opostos àqueles produzidos pela doença. Em outras palavras, a alopatia baseia-se no princípio de administrar substâncias que eliminam ou aliviam os sintomas do paciente. Infelizmente, porém, esse tipo de remédio pode não ter qualquer efeito sobre a condição subjacente que produziu aqueles sintomas e pode criar efeitos colaterais indesejados. Por exemplo, a morfina (um derivado do ópio) é uma droga alopática que consegue eliminar a dor do câncer mas não vai curar a doença e pode causar dependência.

Tal como empregada atualmente, a palavra *alopatia* é ambígua porque ela tanto pode se referir ao seu significado original dado por Hahnemann — e nesse caso denotaria um tratamento que seria o oposto direto da homeopatia — como significar simplesmente a ciência ortodoxa da medicina segundo é praticada nos dias de hoje. Para ilustrar este último emprego do termo, *The American Medical Association Encyclopedia of Medicine* [*Enciclopédia Médica da Associação Norte-Americana de Medicina*] define a alopatia como um "termo que descreve a medicina convencional conforme é praticada por alguém diplomado por uma faculdade de medicina".[55] Esses dois significados do termo alopatia não são a mesma coisa, porque a medicina ortodoxa moderna inclui remédios que são baseados no princípio homeopático. Um exemplo é o tratamento da alergia, que utiliza pequenas doses de alérgenos para criar uma resposta dos anticorpos. Outros exemplos são a radiação para tratar o câncer (radiação causa câncer), o uso de sal na terapia por reidratação oral (o sal causa sede), o uso da digitalina para problemas cardíacos (a digitalina causa problemas cardíacos) e da ritalina para crianças superati-

---

55. C. B. Clayman, org., *The American Medical Association Encyclopedia of Medicine* (Nova York: Random House, 1989).

vas (a ritalina gera hiperatividade). Por outro lado, a medicina ortodoxa emprega grande número de antibióticos, tranqüilizantes, remédios para dormir, laxativos, antidepressivos e anti-histamínicos, que são alopáticos segundo o significado original de Hahnemann. Os nomes descritivos dessas drogas, freqüentemente apresentando o prefixo *anti*, demonstram o princípio com base no qual eles são receitados.[56]

A primeira sentença da sexta fórmula descreve a preparação de um remédio homeopático. A substância medicinal é submetida a um processo de diluição em série da seguinte maneira: uma parte em volume da substância original é diluída em 99 partes de água destilada ou álcool etílico, e a mistura, então, é vigorosamente agitada. Uma parte dessa solução é diluída mais uma vez em 99 partes de água destilada ou álcool etílico e, mais uma vez, vigorosamente agitada. Através de diluições adicionais ("cortando as águas"), a proporção da substância original ainda presente na solução pode ser reduzida a qualquer nível desejado ("deixando o poder descer"). Se a dosagem for excessiva, o paciente experimenta um severo agravamento dos sintomas. Um dos princípios aceitos na homeopatia é que a dose apropriada é a quantidade mínima necessária para estimular uma cura, ou seja, a quantidade mínima necessária para produzir um ligeiro agravamento dos sintomas. Assim, o médico faz experiências com diferentes graus de diluição até descobrir a dose apropriada do remédio ("o terapeuta grita").[57]

Como um remédio homeopático é receitado? Quando qualquer droga é ministrada a uma pessoa sadia, ela na verdade produz dois conjuntos consecutivos e opostos de sintomas, os quais são

---

56. D. Ullman, *Homeopathy: Medicine for the 21st Century* (Berkeley, CA: North Atlantic Books, 1988, p. 6; M. Weiner e K. Goss, *The Complete Book of Homeopathy* (Garden City, NY: Avery Publishing Group, 1989), p. 6.[*Homeopatia — Medicina para o Século XXI*, Editora Cultrix, São Paulo, 1989.]

57. Weiner e Goss, *The Complete Book of Homeopathy*, p. 49.

chamados de ação primária e secundária da droga. Se uma droga, por exemplo, faz uma pessoa sentir um profundo sono estupefativo (ação primária), na noite seguinte ela irá sentir insônia (ação secundária). Ou então ele inicialmente causa prisão de ventre (ação primária) e depois diarréia (ação secundária). Um determinado remédio é prescrito se for o medicamento cuja ação primária numa pessoa sadia corresponde mais estreitamente aos sintomas da doença que estiver sendo tratada. A ação secundária é a resposta evocada pelo poder de autocura que existe dentro da pessoa.[58]

O médico não se preocupa com o modo como os fluidos corporais do paciente possam responder à medicação ("ele não se preocupa com o modo como as águas possam responder"). Em virtude do modo como o medicamento foi prescrito, esses fluidos freqüentemente respondem aumentando a gravidade dos diversos sintomas desagradáveis, tais como febre, inflamação, tosse, diarréia e eliminação de muco ("elas em geral trazem ondas tempestuosas e acontecimentos calamitosos e terríveis"). Esse aumento na gravidade dos sintomas é chamado de "agravamento homeopático". A ocorrência deste agravamento dos sintomas é não apenas esperada mas também *desejável.*[59]

Cada sintoma é, na verdade, um esforço adaptativo do corpo para se defender. A febre, por exemplo, geralmente vem acompanhada de infecções bacterianas ou viróticas e ajuda a combater a infecção aumentando a produção de *interferon* (um agente antivirótico) e melhorando a mobilidade e atividade dos glóbulos brancos do sangue. A inflamação ocorre quando o corpo procura isolar, aquecer e eliminar agentes infecciosos ou material estranho. A tosse ajuda a desobstruir as vias respiratórias. A diarréia é um esforço defensivo do corpo para retirar mais rapidamente do cólon

---

58. Weiner e Goss, *The Complete Book of Homeopathy*, pp. 35, 36.

59. G. Vithoulkas, *The Science of Homeopathy* (Nova York: Grove Press, 1980), pp. 227-229.

patógenos ou substâncias irritantes. E a descarga de muco é outra maneira do corpo de livrar-se de material doente.[60]

Embora os remédios homeopáticos possam acentuar temporariamente a gravidade dos sintomas do paciente, eles também colocam em atividade os poderes autocurativos que existem dentro do paciente ("O final é bom"). A doença estará terminada quando o corpo não mais precisar criar sintomas para se defender e quando o poder curativo evocado tiver cumprido o seu propósito instintivo ("O problema estará terminado quando a tempestade amainar e a energia tiver cumprido o seu destino predeterminado").

A quinta sentença descreve o efeito do remédio no nível fisiológico. O remédio é administrado de tal forma que pode ser prontamente absorvido pelo sistema circulatório. Na prática, um remédio homeopático é em geral ministrado na forma de tabletes de lactose ou sacarose, os quais podem ser dissolvidos na língua ou engolidos. Após ser absorvido pelo sistema circulatório, o remédio é forçado a se deslocar através das veias, diretamente para o coração ("O poder é forçado a penetrar diretamente o coração"). Depois de alcançar o coração, o remédio é levado pelo sangue a todas as artérias, capilares, ao sistema nervoso e a todos os órgãos ("e dentro de cada canal, nadi, nervo e do baço, o poder tem de buscar uma passagem e um caminho"). O remédio foi prescrito porque tinha o poder de evocar as reações de cura apropriadas. Essas reações podem agora ocorrer por todo o corpo e assim enfrentar a doença onde quer que esta tenha penetrado e esteja drenando a vitalidade do corpo ("e assim confrontar o inimigo que chegou e se estabeleceu para viver").

Na seção do quarto raio, neste capítulo, introduzimos o conceito de mente subconsciente. A eliminação de qualquer distúrbio é empreendida pela mente subconsciente, que não permite nada, a não ser o funcionamento correto dos mecanismos de

---

60. Ullman, *Homeopathy: Medicine for the 21st Century*, pp. 4, 5.

defesa e não tolera nenhuma interferência com esses mecanismos ("A expulsão — implacável, brusca e completa — é empreendida por aquele que não vê nada menos que o funcionamento perfeito e não tolera nenhuma interferência"). Dessa maneira, a presença de uma doença prolongada demonstra que a atividade da mente subconsciente foi até certo ponto distorcida e bloqueada. O remédio homeopático pode ser considerado um catalisador que libera o poder curativo da mente subconsciente, a qual, então, pode operar através de diversas respostas defensivas.

Dependendo do paciente, há dois efeitos possíveis para o funcionamento apropriado dos mecanismos de defesa. Para um paciente agonizante ou terminal, esse funcionamento facilita os processos naturais de morte, minimiza o sofrimento e permite a plena percepção da transição até a experiência que vem após a morte ("Esse perfeito funcionamento abre, assim, a porta para a vida eterna"). Como resultado, o paciente tem a oportunidade de passar conscientemente pela transição com dignidade, serenidade, conforto e liberdade.

Assim, a presença de dor forte numa pessoa agonizante mostra que os mecanismos de defesa não estão funcionando corretamente. Nesse caso, um remédio homeopático poderia ser ministrado para estimular os mecanismos de defesa, os quais teriam o efeito de aliviar a dor e, ao mesmo tempo, permitir o máximo grau de consciência de que o paciente seja capaz. Além disso, "diz-se com freqüência nos círculos homeopáticos que a administração de paliativos [homeopáticos] em casos terminais pode abreviar misericordiosamente os dias finais do paciente".[61] Em contraste, os modernos hospitais muitas vezes usam métodos que produzem efeitos opostos: poderosos narcóticos e tranqüilizantes que deixam os pacientes entorpecidos e técnicas invasivas que prolongam artificialmente a vida.

Para um paciente não-terminal, o funcionamento adequado dos mecanismos de defesa restaura a saúde e abre caminho para

---

61. Vithoulkas, *The Science of Homeopathy*, pp. 259, 268.

uma vida ativa no plano físico, durante mais um certo tempo ("ou para a vida na Terra, ainda que por pouco tempo"). Se esse funcionamento for deficiente, então ele poderá ser fortalecido e harmonizado por um remédio homeopático apropriado.

Durante os últimos dois séculos, os movimentos homeopático e alopático comportaram-se como seitas religiosas — combatendo, criticando e ridicularizando as teorias e métodos um do outro. Os adeptos de ambos os sistemas muitas vezes mostraram-se agressivos, sectários e intolerantes. Um passo à frente seria avaliar todas as formas de medicamentos, tanto alopáticas como homeopáticas, em bases estritamente científicas, submetendo-as a experimentos *double-blind*. Nesses experimentos, nem os pesquisadores nem os pacientes saberão quem recebeu de fato o medicamento e quem recebeu apenas um placebo. Foram relatados alguns experimentos *double-blind* com remédios homeopáticos e eles demonstraram a eficácia dos remédios. A grande maioria dos remédios homeopáticos, porém, ainda não foi submetida a esse tipo de teste.[62]

É importante reconhecer que há um espaço apropriado para todas as formas eficazes de cura, sejam alopáticas ou homeopáticas, exotéricas ou esotéricas, físicas ou psicológicas. Embora os remédios homeopáticos possam ser usados para curar muitos tipos de doenças, alguns casos requerem o alívio imediato e seguro dos sintomas, proporcionado pelas drogas alopáticas. Outros casos podem ser resolvidos com simples modificações alimentares ou no modo de vida, e outros ainda requerem cirurgia. Numa determinada situação, mais de um tipo de tratamento pode ser apropriado.

Sétimo Raio

A energia e a força têm de se encontrar, e assim o trabalho é feito. A cor e o som, em seqüência ordenada, devem encontrar-se e fundir-se, e assim o trabalho de magia pode

62. Ullman, *Homeopathy: Medicine for the 21st Century*, pp. 55-66.

prosseguir. A substância e o espírito devem evocar um ao outro e, passando através do centro daquele que procura ajudar, produzem o novo e o bom. Com a vida, portanto, o terapeuta energiza a vida enfraquecida, impelindo-a para a frente ou ancorando-a ainda mais profundamente no lugar de destino. Todos os sete devem ser usados e através dos sete devem passar as energias necessárias, criando o novo homem que sempre existiu e sempre existirá, tanto aqui como lá.[63]

O nome do sétimo raio é ordem cerimonial ou magia. Sua qualidade básica é a magia — que neste contexto é a capacidade de produzir a manifestação externa de uma realidade interior. A sétima e última fórmula descreve uma aplicação da magia — a saber, como trabalhar com uma pedra preciosa de modo que ela incorpore a natureza curativa da alma.

Desde a antiguidade as pedras preciosas têm sido usadas para curar. No método descrito nesta seção, o propósito é restabelecer a harmonia natural dos chakras dentro do corpo etérico do paciente, o qual, então, levará a saúde para o corpo físico denso. Muito embora esta meta pareça intrinsecamente esotérica em sua natureza, o método propriamente dito é exotérico porque um objeto tangível, uma pedra preciosa, faz o papel de intermediário entre o terapeuta e o paciente. A teoria que está por trás disso é basicamente a mesma usada para uma das técnicas do quarto raio, já discutida anteriormente neste capítulo: a de utilizar sons de freqüências específicas para produzir saúde física.

Antes de interpretar a sétima fórmula, talvez seja útil apresentar algumas informações básicas. A maioria das pedras preciosas é de cristal, e um cristal é uma estrutura homogênea com um arranjo regular de átomos. Segundo a ciência da cristalografia, a forma cristalina de qualquer material pode ser classificada em uma das sete categorias básicas. A Tabela 4 (página 79) dá os nomes, descrições e exemplos dessas categorias. Cada categoria é defini-

---

63. Bailey, *Esoteric Healing*, p. 712.

da pelo número de seus eixos e pelos ângulos em que esses eixos se interceptam. As várias faces e planos de um cristal refletem os arranjos geometricamente ordenados dos átomos individuais. O tamanho de um cristal depende da freqüência com que o padrão interno se repete, o que, por sua vez, depende da disponibilidade de material e de espaço para crescimento. Por causa da estrutura ordenada, todos os átomos de um cristal podem vibrar em uníssono.

O corpo etérico estende-se para fora do corpo físico denso e os chakras principais pertencem a essa porção do corpo etérico que permanece de fora. Bailey afirma que o chakra da coroa fica "logo acima do topo da cabeça"; o chakra da testa está "bem diante dos olhos e da testa"; e os cinco chakras espinais (garganta, coração, plexo solar, sacral e básico) são "encontrados no equivalente etérico da coluna vertebral", que fica atrás da coluna física densa. Esses centros da coluna ficam a pelo menos cinco centímetros de distância da coluna física, no caso de uma pessoa subdesenvolvida, e ainda mais longe numa pessoa de nível médio.[64]

Cada um dos chakras principais tem o seu ritmo natural, característica ou freqüência. Em virtude de sutis causas interiores, um chakra principal pode ser forçado a vibrar numa freqüência diferente de sua freqüência natural. A freqüência vibratória do chakra afeta a taxa de atividade vibratória corporal, as glândulas endócrinas, o sistema nervoso e a responsividade do corpo físico denso a infecções viróticas e bacterianas. Se a freqüência de um chakra for muito baixa, por exemplo, então ocorre congestão no corpo etérico, o que pode produzir sofrimento no corpo físico denso (como uma congestão nos pulmões). Por outro lado, se a freqüência de um chakra for demasiado alta, a pessoa pode experimentar distúrbios nervosos ou ter enxaqueca. Segundo Bailey, os terapeutas podem desenvolver um sentido tátil em suas mãos e dedos que lhes permitiria determinar a taxa de vibração de qualquer chakra.[65]

---

64. A. A. Bailey, *Telepathy and the Etheric Vehicle* (1950; reimpressão; Nova York: Lucis Publishing Company, 1975), p. 146; Bailey, *Esoteric Healing*, p. 461.

65. Bailey, *Esoteric Healing*, pp. 74-88.

Com esta informação, é possível uma interpretação da sétima fórmula. Na aplicação terapêutica de pedras preciosas, o primeiro passo é identificar o chakra do corpo etérico do paciente que rege a área da doença física. Quando uma energia etérica de freqüência e potência corretas é aplicada a este chakra, a energia deve interagir com as forças internas do chakra e fazê-lo retornar à sua verdadeira freqüência natural ("A energia e a força têm de se encontrar"). O ritmo e o equilíbrio corretos do corpo etérico, então, levam saúde ao corpo físico denso ("e, assim, o trabalho é feito").

Se a doença do paciente estiver relacionada com o estômago ou o fígado, por exemplo, então o chakra do plexo solar é tratado. Se o paciente estiver tendo problemas cardíacos ou pulmonares, o tratamento é aplicado ao chakra do coração. Se o paciente estiver sofrendo de doenças que afetam os brônquios, a garganta, a boca ou os ouvidos, nesse caso o chakra da garganta é tratado.[66]

O segundo passo é a seleção de uma pedra preciosa que possa vibrar simpaticamente com a energia etérica que precisa ser aplicada. Quando a pedra preciosa é atingida pela energia etérica, ela deve vibrar na mesma freqüência que a energia e amplificá-la ("A cor e o som, em seqüência ordenada, devem encontrar-se e fundir-se"). As propriedades vibratórias de uma pedra preciosa dependem de sua estrutura cristalina (relacionadas na Tabela 4, na página 79) e dos tipos de átomos que formam essa estrutura. Algumas substâncias podem vibrar simpaticamente em mais de uma freqüência. Um bom exemplo disso é o nosso tímpano, que pode reagir a qualquer som na faixa da audição humana. Se uma pedra preciosa puder vibrar simpaticamente em mais de uma freqüência, então ela poderia ser apropriada para tratar mais de um chakra. Após selecionar a pedra adequada, o terapeuta usa essa pedra como um talismã curativo no passo seguinte ("e, assim, o trabalho de magia pode prosseguir").

---

66. Bailey, *Esoteric Healing*, p. 602.

Tabela 4. Os Sete Sistemas Cristalinos*

Sistema Cristalino	Descrição	Exemplos
Cúbico ou Isométrico	Três eixos iguais interceptam-se em ângulos retos.	Diamante Granada Lazulita Espinélio
Hexagonal	Três eixos iguais dispostos em ângulos de 120 graus em um plano e o eixo principal perpendicular a estes, com uma base prismática hexagonal.	Água-marinha Berilo Esmeralda Morganita Zincita
Tetragonal	Dois eixos de comprimento igual e um terceiro desigual, todos formando ângulos retos com os outros.	Octaedrita Apofilita Leucita Rutílio Zircão
Ortorrômbico	Três eixos de comprimentos diferentes formando ângulos retos uns com os outros.	Crisoberilo Iolita Olivina Topázio
Monoclínico	Três eixos desiguais, dois dos quais em ângulo reto um com o outro e o terceiro inclinado.	Azurita Jadeíta Kunzita Malaquita Pedra-da-lua
Triclínico	Três eixos desiguais inclinados um em relação ao outro.	Amazonita Rodonita Turquesa
Trigonal ou Romboédrico	Igual ao sistema hexagonal, exceto pela base prismática trigonal.	Ágata Ametista Jaspe Quartzo Rubi Safira

*Fonte: W. Schumann, *Gemstones of the World* (1977; reimpressão; Nova York: Sterling, 1986), pp. 18, 19.

Um oscilador é qualquer objeto que se move de maneira periódica. Quando a energia passa entre dois osciladores que têm a mesma freqüência natural, estes formam aquilo que se chama de *sistema ressonante*. Para exemplificar, suponha que dois diapasões com o mesmo tom (isto é, construídos para vibrar na mesma freqüência) sejam colocados numa sala. Se fizermos vibrar um diapasão, a sua energia acústica vai ser transmitida ao segundo diapasão e o fará vibrar. Em seguida, as vibrações acústicas do segundo diapasão vão voltar e reforçar as vibrações do primeiro. Assim, a energia passará entre os dois diapasões em ambas as direções. Um outro exemplo de sistema ressonante é proporcionado pelos dois violinos discutidos anteriormente na seção relativa ao quarto raio.

O terceiro passo é a transferência da energia etérica entre o chakra do paciente e o chakra correspondente do terapeuta. Como esses dois chakras têm a mesma freqüência natural, eles podem formar um sistema ressonante. A potência do chakra do terapeuta deve ser suficiente para evocar uma resposta do chakra do paciente, o qual, então, vai reforçar as vibrações do chakra do terapeuta ("A substância e o espírito devem evocar um ao outro"). No processo descrito por Bailey, o chakra do terapeuta "age como um ímã, extraindo uma radiação definida do paciente".[67] O terapeuta pode facilitar essa transferência, colocando ou segurando uma pedra preciosa próximo ao chakra do paciente, permitindo que as energias passem através da pedra ("passando através do centro daquele que procura ajudar"). Dependendo do tipo de pedra preciosa que for usado, a pedra poderia amplificar, purificar, ou ambos: amplificar e purificar as energias.[68] Quando o sistema ressonante é estabelecido, ele vai produzir um novo e melhor padrão vibracional no chakra do paciente ("produzir o novo e o bom").

---

67. Bailey, *Esoteric Healing*, p. 604.

68. W. Richardson e L. Huett, *Spiritual Value of Gem Stones* (Marina del Rey, CA: DeVorss, 1980), pp. 15, 42, 62, 91; Bailey, *Esoteric Healing*, p. 370.

Através desses passos, o terapeuta usa as forças vitais de seu corpo etérico para harmonizar as forças debilitadas do corpo etérico do paciente ("Com a vida, portanto, o terapeuta energiza a vida enfraquecida"). Uma interação é estabelecida nos níveis etéricos, e as energias dos dois chakras sincronizados entram em comunicação. A única tarefa que cabe ao terapeuta consiste em manter o controle sobre a situação, dar confiança ao paciente e encorajá-lo durante o período de espera. Nesse período, o sistema ressonante extrai o excesso de energia do chakra do paciente, se ele estiver superestimulado, ou aumenta a sua energia se o chakra estiver esgotado ("impelindo-a para a frente ou ancorando-a ainda mais profundamente no lugar de destino"). Em conseqüência, ocorre uma atividade estável e normal no chakra do paciente, que controla a área de doença.[69]

A última sentença da fórmula descreve os três pré-requisitos que o terapeuta deve preencher antes de estar pronto para praticar este tipo de cura. O primeiro é um conhecimento técnico adequado a respeito dos chakras. O diagnóstico de qualquer paciente envolve a determinação do chakra ou chakras que precisam ser tratados. Um conhecimento operacional a respeito de todos os sete chakras principais deve ser usado para obter diagnósticos válidos para todo o espectro de doenças possíveis ("Todos os sete devem ser usados").

Em segundo lugar, o terapeuta deve possuir pelo menos uma pedra preciosa que seja apropriada para tratar cada chakra. Sete pedras — uma para cada chakra principal — são suficientes para transmitir todas as energias curativas de que um paciente possa necessitar ("e através dos sete devem passar as energias necessárias").

O terceiro pré-requisito é o alinhamento da personalidade com a alma ("criando o novo homem que sempre existiu e sempre existirá") e expressando essa elevada consciência através do chakra da coroa e a adequação através do chakra da coroa e do

69. Bailey, *Esoteric Healing*, p. 605.

chakra inferior apropriado ("e tanto aqui como lá"). Devemos lembrar que a alma é o veículo para o pensamento abstrato. Quando o alinhamento com a alma é alcançado, uma compreensão abstrata do modo como trabalhar com as pedras preciosas — que é a habilidade do sétimo raio — pode passar da alma para o chakra da coroa. Posteriormente, o terapeuta mantém a sua consciência firmemente ancorada no chakra da coroa, com o "olho de direção" voltado para o centro necessário, que é aquele que corresponde ao chakra que estiver sendo tratado no paciente. Então, através do poder do pensamento e sob a influência da vontade, o terapeuta estimula o centro apropriado para que ele irradie para o paciente a energia etérica com a freqüência e a potência corretas.[70]

Nesta discussão a respeito do método do sétimo raio de cura exotérica, as principais omissões são as associações entre pedras preciosas e chakras. Embora Bailey não tivesse fornecido nenhuma informação deste tipo em seus livros, diversos autores de livros mais recentes apresentam essas associações. Wallace Richardson e Lenora Huett, por exemplo, associam cada uma das sete categorias de cristais arroladas na Tabela 4 (página 79), a um dos sete chakras principais.[71] Outros escritores relacionam uma ou mais pedras preciosas a cada chakra principal.[72] Infelizmente, esses autores freqüentemente se contradizem porque muito poucos (se é que algum o fez) obteve suas informações através de investigações científicas ou empíricas. Em vez disso, eles geralmente receberam suas informações por via mediúnica. A mediu-

---

70. Bailey, *Glamour: A World Problem*, pp. 251-253; Bailey; *Esoteric Healing*, pp. 602-607.

71. Richardson e Huett, *Spiritual Value of Gem Stones*, pp. 20-23.

72. D. Maerz e D. Maerz, "Crystal Spectrum", em *The Crystal Sourcebook*, J. V. Milewski e V. L. Harford, orgs. (Santa Fé, NM: Mystic Crystal Publications, 1988), pp. 297-303; P. L. Chase e J. Pawlik, *The Newcastle Guide To Healing With Gemstones* (North Hollywood, CA: Newcastle Publishing Company, 1989), pp. 57-155. [*A Transformação Pessoal Através dos Cristais*, Editora Pensamento, São Paulo, 1993.]

nidade, porém, é notória por sua falibilidade. Se os médiuns estiverem em estado de transe ou não tiverem confrontado os próprios *glamours* e ilusões, eles poderão ser enganados em relação à fonte de seus dados e, assim, poderão enganar outras pessoas.

Se houver algum valor prático em usar um determinado tipo de pedra preciosa como parte de um método de cura, deve ser possível confirmar esse valor através de um experimento científico controlado. O obstetra e ginecologista Leonard Laskow, por exemplo, realizou duas séries de ensaios clínicos para testar a eficácia do uso de cristais de quartzo no tratamento do herpes. O primeiro grupo de pacientes foi tratado com tecnologia médica (um aparelho chamado *electroacuscópio*), e um segundo grupo foi tratado por meio da concentração de energia curativa através de um cristal de quartzo. Laskow observou uma substancial diminuição na duração, freqüência e intensidade das lesões provocadas pelo herpes em ambos os grupos de pacientes.[73] Outros médicos também fizeram experiências com pedras preciosas e comprovaram o seu valor.[74] Não obstante, faz-se necessário um número muito maior de pesquisas empíricas.

---

73. L. Laskow, M.D., "Transformational Medicine", em *The Crystal Sourcebook*, pp. 116-126.

74. L. Badgley, M.D., "Crystal Diagnosis and Therapy", em *The Crystal Sourcebook*, pp. 134-142; J. J. Adams, M.D., "Energy Medicine", em *The Crystal Sourcebook*, pp. 143-148.

Capítulo 3

Métodos Práticos

Os grandes Estados têm a responsabilidade de servir e não de dominar o mundo.

Harry S. Truman

Como este capítulo enfatiza o raio da alma, este conceito precisa ser examinado com mais detalhes. A premissa fundamental é de que a alma de cada ser humano expressa basicamente a qualidade particular indicada pelo raio da alma, que poderia ser qualquer um dos sete raios. Através de sua qualidade, o raio da alma atinge a natureza dos corpos mental, emocional e físico, predispõe-nos a determinadas forças e fraquezas e afeta o nosso relacionamento com os outros seres humanos. Se estivermos no caminho da integração ou do discipulado, o nosso esforço consiste em integrar a personalidade com a alma. Como esse esforço de integração é intuitivamente orientado pela alma, existem sete processos básicos de interação, um para cada tipo de raio de alma. Em conseqüência, o nosso raio da alma determina o método de lidar com esses caminhos e também indica o nosso destino no sentido de que nos predispõe a certas atividades.[1]

Se tivermos começado o processo de integração da personalidade com a alma, então o conhecimento do nosso raio da alma seria importante porque poderia ajudar a explicar e a elucidar as nossas experiências. Examinando cuidadosamente as várias face-

---

1. A. A. Bailey, *Esoteric Psychology*, vol. 1 (1936; reimpressão; Nova York: Lucis Publishing Company, 1975), pp. 401-403.

tas de nossa vida, deveríamos ser capazes de descobrir qual dos sete raios é o nosso raio específico da alma. O raio da alma, por exemplo, afeta os nosso vícios e virtudes, conflitos interiores, aspirações, *hobbies, glamours*, abordagem em relação ao caminho espiritual, método de meditação e carreira. Diversos livros anteriores a respeito dos sete raios discutiram maneiras alternativas de identificar o raio da alma e deram exemplos de figuras históricas famosas que ilustram cada tipo de raio da alma.[2]

O Capítulo 2 considerou que a alma humana tem sete qualidades diferentes que correspondem aos sete raios. O presente capítulo ainda irá se referir a essas qualidades, mas vai considerá-las sub-raios do raio da alma. Esses sub-raios poderiam ser vistos como exemplo: uma pessoa poderia ter um primeiro raio da alma e outra poderia ter um quinto raio da alma. Se as duas pessoas expressarem a qualidade do terceiro raio de suas almas, então a primeira pessoa estaria de fato expressando o terceiro sub-raio do primeiro raio da alma, e a segunda pessoa o terceiro sub-raio do quinto raio da alma. Como existem sete raios da alma e como cada raio da alma consiste em sete sub-raios, existem 49 qualidades diferentes da alma.

Para cada raio da alma, a Tabela 5 (página 88) dá o nome do raio e mais seis qualidades características que foram previamente tabuladas por Bailey. Cada qualidade descreve o modo como o raio da alma é expresso através de um sub-raio que corresponde a um outro raio da alma. Cada raio da alma também tem uma sétima qualidade característica que é indicada pelo nome do raio e não está citada especificamente entre as seis qualidades arroladas. Esta sétima qualidade é a síntese das qualidades relacionadas e representa o sub-raio que corresponde ao raio da alma. A ordem das qualidades na tabela é a mesma ordem em que elas são discutidas neste capítulo.

---

2. M. D. Robbins, Ph.D., *Tapestry of the Gods* (Jersey City Heights, NJ: University of the Seven Rays Publishing House, 1988); Z. F Lansdowne, *The Rays and Esoteric Psychology* (York Beach, ME: Samuel Weiser, 1989). [*Os Raios e a Psicologia Esotérica*, Editora Pensamento, São Paulo, 1993.]

É importante salientar que as verdadeiras qualidades que exibimos dependem do nosso estágio de evolução. Como as qualidades relacionadas na Tabela 5 (página 88) são características da alma, apenas poderemos exibi-las se estivermos começando a nos integrar à alma e a viver como ela. Todavia, se ainda estivermos concentrados na personalidade e vivendo como a personalidade, então as nossas características poderão ser exatamente o oposto daquelas arroladas nesta tabela.

Se estudarmos com cuidado as seis qualidades relacionadas para cada raio, talvez encontremos uma indicação a respeito de qual é o raio próprio da nossa alma. As diversas qualidades de um determinado raio evocam a nossa compreensão intuitiva de modo a reconhecermos a nós mesmos? Talvez possamos enxergar as nossas tendências e propósitos na vida ou a nossa natureza espiritual latente, pela qual ansiamos no fundo do nosso ser. Se acreditarmos que um determinado raio é o nosso raio da alma, então as qualidades associadas irão mostrar o que temos de fazer, o que temos de expressar e o que temos de superar. Assim, se aplicarmos os ensinamentos deste capítulo de maneira correta, ele será proveitoso e útil em nossa experiência.

Cada uma das fórmulas simbólicas de Bailey tem três níveis de significado. No nível considerado neste capítulo, cada fórmula descreve como as pessoas, com o correspondente raio da alma, poderiam exibir as qualidades arroladas na Tabela 5 (página 88), quando estiverem servindo ao mundo. A pressuposição subjacente é que essas pessoas já alcançaram posições avançadas no caminho do discipulado, e assim desenvolveram a capacidade de expressar as qualidades características de sua alma.

Primeiro Raio

Que a força dinâmica que rege o coração de todos em Shamballa venha em meu auxílio, pois sou digno dessa ajuda. Que ela desça para o terceiro, passe pelo quinto e concentre-se no sétimo. Estas palavras não significam o que

Tabela 5. Qualidades Características dos Sete Raios da Alma*

Raio	Nome	Qualidades
Um	Vontade ou Poder	Unicidade de propósito Poder dinâmico Visão clara Desapego Solidão Senso de tempo
Dois	Amor-Sabedoria	Amor divino Atração Radiância Poder de salvar Expansão ou inclusividade Sabedoria
Três	Inteligência Ativa ou Adaptabilidade	Iluminação mental Capacidade de manifestar Investigação científica Capacidade de evoluir Equilíbrio Capacidade de produzir síntese no plano físico
Quatro	Harmonia através do Conflito	Capacidade de penetrar nas profundezas da matéria Harmonia das esferas Síntese da verdadeira beleza Aspectos duais do desejo Capacidade de expressar a divindade Capacidade de revelar o caminho

Raio	Nome	Qualidades
Cinco	Conhecimento Concreto ou Ciência	Emergência para dentro e fora da forma Capacidade de fazer a Voz do Silêncio ser ouvida Manifestação da grande luz branca Revelação do caminho Capacidade de iniciar atividades Purificação com o fogo
Seis	Devoção ou Idealismo	Superando as águas da natureza emocional Resistência e destemor Capacidade de eliminar o desejo Auto-imolação Repelir o que não é desejado Capacidade de se desprender
Sete	Ordem Cerimonial ou Magia	Capacidade de criar Capacidade mental Poder mental Capacidade de vivificar Capacidade de cooperar Revelação da beleza de Deus

* Fonte: A. A. Bailey, *Esoteric Psychology*, vol. 1 (1936; reimpressão; Nova York: Lucis Publishing Company, 1975), pp. 63-87.

parecem significar. O terceiro, o quinto e o sétimo estão dentro do primeiro e provêm do Sol Central do vigor espiritual. O mais elevado, então, desperta dentro daquele que sabe e dentro daquele que precisa ser curado, e assim os dois tornam-se um só. Este é um profundo mistério. A fusão da força curativa produz o efeito desejado; isto pode trazer a morte, essa grande libertação, e restabelecer, assim, o quinto, o terceiro, mas não o sétimo.[3]

Consideremos o significado do termo *Shamballa* na filosofia esotérica, que é diferente da interpretação mítica usada no Capítulo 2. Um princípio importante é: "Assim como em cima, também embaixo", significando que o macrocosmo assemelha-se ao microcosmo. Ao aplicar este princípio, encare o microcosmo como a vida de um ser humano e o macrocosmo como a vida do nosso planeta. Assim como um ser humano tem sete centros de energia chamados chakras, a vida planetária tem centros análogos de energia. Na filosofia esotérica, Shamballa é "o centro onde a Vontade de Deus é conhecida" e consiste num conselho de seres avançados que constituem coletivamente o chakra planetário da coroa ou da cabeça. Esses seres são produto de sistemas evolutivos do passado e há muito tempo passaram pelo estágio humano de experiência. Assim como o chakra da coroa é o agente receptivo, focalizador e distribuidor da vontade espiritual para o corpo etérico, Shamballa é o agente correspondente para o nosso planeta.[4]

Os três primeiros métodos deste capítulo são versões mais avançadas dos métodos correspondentes descritos no capítulo

---

3. A. A. Bailey, *Esoteric Healing (*1953; reimpressão; Nova York: Lucis Publishing Company, 1978), pp. 706, 707.

4. A. A. Bailey, *Telepathy and the Etheric Vehicle* (1950; reimpressão; Nova York: Lucis Publishing Company, 1975), pp. 183, 190; A. A. Bailey, *Discipleship in the New Age*, vol. 2 (1955; reimpressão; Nova York: Lucis Publishing Company, 1972), pp. 159, 519, 520.

anterior. O primeiro método do Capítulo 2 começou com a invocação da benevolência da alma. Neste capítulo, o primeiro método começa com a invocação da vontade espiritual da tríade espiritual, e todo o método mostra como as pessoas do primeiro raio (isto é, as pessoas que têm o primeiro raio como o raio da alma) podem apresentar as características apresentadas na Tabela 5.

1. *Unicidade de Propósito*: Os servidores avançados do primeiro raio têm a capacidade de invocar e receber a vontade espiritual, que é a força que rege todas as coisas dentro do núcleo esotérico conhecido como Shamballa ("Que a força dinâmica que rege o coração de todos em Shamballa venha em meu auxílio"). A vontade espiritual vem do plano átmico, passa pela alma e alcança o chakra da coroa, onde é sentida como um propósito dinâmico de servir ao plano divino. A expressão de poder no plano físico depende da unicidade de propósito. Como os servidores avançados já eliminaram obstáculos como orgulho, ambição, arrogância e o desejo de controlar os outros ("pois sou digno dessa ajuda"), eles têm a capacidade de manter a vontade espiritual como o propósito único dentro da consciência.[5]

2. *Poder Dinâmico*: O terceiro olho é formado pela síntese ou interação vibratória entre as forças da alma, atuando através do chakra da coroa, e as forças da personalidade, atuando através do chakra da testa, e assemelha-se a um olho situado entre os dois olhos físicos. Focalizando e dirigindo a vontade espiritual, o terceiro olho pode impor um controle rítmico aos cinco chakras inferiores. Neste processo, a vontade espiritual desce para o terceiro chakra ou chakra da garganta, passa através de cada chakra intermediário e alcança o sétimo chakra ou chakra básico ("Que ela desça para o terceiro, passe pelo quinto e concentre-se no sétimo"). Embora essas palavras pareçam sugerir que a vontade espiritual é um pacote discreto de força que passa de um chakra para outro, este não é o caso ("Estas palavras não significam o

---

5. A. A. Bailey, *A Treatise on White Magic* (1934; reimpressão; Nova York: Lucis Publishing Company, 1974), p. 558.

que parecem significar"). O indivíduo usa o terceiro olho para contemplar sua natureza inferior, ficando implícito que os cinco chakras inferiores estão dentro de um firme raio de vontade espiritual. Neste contexto, um *raio* é definido como uma emanação que, na essência, é contínua com a sua fonte. Como os cinco chakras inferiores estão dentro de uma firme emanação que provém do terceiro olho, eles são impulsionados pelo propósito dinâmico que vem de lá ("O terceiro, o quinto e o sétimo estão dentro do primeiro e provêm do Sol Central do vigor espiritual"). Em conseqüência, o indivíduo ganha o poder dinâmico de expressar a vontade espiritual através de pensamentos, sentimentos e atos da personalidade.[6]

3. *Visão Clara*: Após a vontade espiritual ter sido imposta sobre a natureza inferior, a capacidade mais elevada desperta dentro de cada veículo da personalidade. Antes de tudo, a visão clara desperta dentro do corpo mental, que é o instrumento para a expressão do conhecimento ("O mais elevado, então, desperta dentro daquele que sabe"). Tendo uma visão clara, os servidores do primeiro raio sabem quando usar a energia do desejo e tomar o próximo passo na cerimônia. Depois, vendo que cumpriram a sua parte, eles sabem quando renunciar a um envolvimento emocional, conseguindo seguir em frente sem sentir orgulho pelo que fizeram nem depressão por causa de algo que deixaram de fazer. Através desse processo, eles conseguem dar tudo o que têm servindo altruisticamente e, depois, alcançar a verdadeira humildade esquecendo que deram de si mesmos.[7]

4. *Desapego*: O corpo emocional atua em sua capacidade mais elevada quando age sem apegar-se a pessoas, lugares ou coisas. Vivendo neste mundo, todavia, as pessoas adquirem ligações

---

6. Bailey, *A Treatise on White Magic*, pp. 212-214; Bailey, *Esoteric Healing*, p. 604; A. A. Bailey, *Glamour: A World Problem* (1950; reimpressão; Nova York: Lucis Publishing Company, 1971), pp. 250-252.

7. A. A. Bailey, *Discipleship in the New Age*, vol. 1 (1944; reimpressão; Nova York: Lucis Publishing Company, 1976), p. 417.

emocionais que precisam ser eliminadas antes que possam executar um verdadeiro serviço. Após a visão clara despertar na mente, o desapego também desperta no corpo emocional ("e dentro daquele que precisa ser curado"). A mente produz essa cura emocional compreendendo a origem e o significado do apego, em vez de odiá-lo e reprimi-lo. Depois de se libertar, a pessoa está pronta para liderar, ajudar os seus seguidores e saber quem eles são.

5. *Solidão*: Quando a visão clara e o desapego são despertados, há solidão no sentido de que a vontade espiritual está unida à personalidade e se expressa através dela ("e assim os dois tornam-se um só"). A característica da solidão também tem alguns significados profundos ("Este é um profundo mistério"). Cultivando o desapego interior, o indivíduo pode fundir-se com a consciência de outro e, assim, determinar a melhor maneira de ajudar e estimular essa pessoa a renovar a sua capacidade de se esforçar. A pessoa pode passar pelo estágio de consciência conhecido como "unidade isolada". Aqui o indivíduo vê o todo como uma entidade única e vê a si mesmo não em termos teóricos mas como um fato consumado, possuidor da identidade do todo. Este todo é aquele organismo completo do qual o indivíduo pode saber que é parte e sentir-se assim; ele é percebido progressivamente e poderia ser um grupo, um ambiente, uma nação ou todo o reino humano da natureza. O todo é "isolado" na consciência do indivíduo, e a palavra "unidade" indica o relacionamento do indivíduo com o todo.[8]

6. *Senso de Tempo*: A fusão da vontade espiritual com a personalidade realiza o serviço desejado ("A fusão da força curativa produz o efeito desejado"), que pode ser morte e destruição ("isto pode trazer a morte"). A palavra *forma* é um termo geral que pode referir-se a muitos tipos de estruturas, tais como organizações religiosas, sistemas educacionais, partidos

---

8. A. A. Bailey, *Discipleship in the New Age*, vol. 1, pp. 416, 417; A. A. Bailey, *Esoteric Psychology*, vol. 2 (1942; reimpressão; Nova York: Lucis Publishing Company, 1975), pp. 391, 392.

políticos e costumes sociais. Após ser produzida, uma determinada forma é usada durante o maior tempo possível. Mais cedo ou mais tarde chega o momento em que a forma não mais serve à vida que nela habita, quando a estrutura se atrofia e se torna vulnerável. Tendo a visão clara, os servidores do primeiro raio sentem a chegada do momento em que uma forma obsoleta deve ser destruída para que o crescimento possa ocorrer. Quando isso acontece, eles destroem essa forma, o que cria oportunidades para os potenciais construtores de uma forma nova e melhor ("essa grande libertação").

Posteriormente, os construtores em potencial estabelecem um processo de planejamento para reconsiderar e reformular suas respostas às necessidades humanas ("e restabelecer, assim"). Eles idealmente usam o quinto sub-raio dos raios de sua alma para examinar seus motivos, o terceiro sub-raio para criar novos planos e o primeiro sub-raio para desenvolver novas metas ou princípios diretores ("o quinto, o terceiro e o primeiro"). Eles não deveriam usar o sétimo sub-raio para construir uma nova forma ("mas não o sétimo") até que tenham sido pacientes e compreendido claramente o que fazer.

Segundo Raio

Que a energia curativa desça, carregando suas linhas duais da vida e sua força magnética. Que essa força magnética viva retire e suplemente aquela que está presente no sétimo, opondo o quatro e o seis ao três e ao sete, mas não mexendo com o cinco. O vórtice circular e inclusivo — descendo até o ponto — agita, remove e então fornece, e assim o trabalho é feito.

O coração gira; dois corações giram como um; o doze dentro do veículo, o doze dentro da cabeça e o doze sobre o plano do esforço da alma cooperam como se fossem um só, e assim o trabalho é feito. Duas energias alcançam essa consumação e os três, cujo número é um doze, reagem ao doze maior. A vida é conhecida e os anos prolongados.[9]

Segundo a doutrina do hilozoísmo, toda matéria é dotada de vida. Qualquer forma é constituída de vidas infinitesimais, que em sua totalidade constituem uma vida composta, e cada vida composta, por sua vez, é parte de uma vida ainda maior. Cada átomo de seu corpo físico, por exemplo, tem uma vida elementar. O seu corpo físico é uma vida composta que incorpora as vidas dos átomos individuais, e a alma de seu corpo é você. Nosso planeta também pode ser visto como uma vida composta que incorpora as vidas de todas as formas que nele existem. Na teosofia, a vida que dá forma e alma ao nosso planeta é chamada de *Logos planetário*. Assim, o Logos planetário é Aquilo onde vivemos, nos movemos e temos o nosso ser, Cuja vida integra o planeta como um todo e penetra em todas as formas — grandes ou pequenas — que, no seu conjunto, constituem a forma planetária. Além do mais, o nosso sistema solar também pode ser visto como uma vida composta que incorpora as vidas de todos os planetas do sistema. Na teosofia, a vida que dá forma e alma ao nosso sistema solar é chamada de *Logos solar*.[10]

Conforme discutimos na segunda seção do Capítulo 2, o número *doze* pode representar o conceito de coração em diferentes níveis. O lótus de doze pétalas, por exemplo, pode simbolizar o chakra do coração ou a alma, sendo que esta última é o centro da nossa constituição humana interior. Na escala macrocósmica, Bailey indica que um lótus de doze pétalas também pode simbolizar a essência do Logos planetário ou a essência do Logos solar. O último às vezes é chamado de *essência do Sol*.[11]

---

9. A. A. Bailey, *Esoteric Healing*, pp. 707, 708.

10. A. A. Bailey, *A Treatise on Cosmic Fire* (1925; reimpressão; Nova York: Lucis Publishing Company, 1977), p. 638; Bailey, *Telepathy and the Etheric Vehicle*, pp. 182, 183; Bailey, *Esoteric Psychology*, vol. 1, pp. 149-152.

11. A. A. Bailey, *Esoteric Astrology* (1951; reimpressão; Nova York: Lucis Publishing Company, 1979), p. 47.

Como um plano na escala microcósmica é o mesmo que um subplano na escala macrocósmica, os sete planos ilustrados na Figura 1 (página 11) formam apenas o plano físico macrocósmico. Assim como nos seres humanos o chakra do coração está localizado nos subplanos etéricos, a essência do Logos planetário situa-se no quarto plano etérico macrocósmico, que é o nosso plano búdico. Da mesma forma como a alma humana está localizada no plano mental, a essência do Logos solar está no plano mental macrocósmico. Por conseguinte, na escala macrocósmica o nosso chakra do coração e a nossa alma correspondem, respectivamente, ao Logos planetário e ao Logos solar.[12]

O segundo método deste capítulo e do capítulo precedente diz respeito ao aconselhamento. No capítulo anterior o conselheiro percebe a natureza oculta das coisas recebendo inspiração de um espírito-guia incorpóreo. O presente capítulo trata de um conselheiro do segundo raio que está numa posição mais avançada. Aqui um conselheiro consegue observar a natureza oculta das coisas exibindo as qualidades características da alma.

1. *Amor Divino*: O amor espiritual é a intuição de que Deus está presente dentro de todas as formas corporais e é a fonte da compaixão e da estima. A compaixão, no sentido em que a palavra está sendo usada aqui, é a intuição da não-separação essencial e da unidade dos seres humanos; estima é o sentimento de aceitação, apreciação e respeito pela outra pessoa. A compaixão diz respeito à humanidade como um todo, ao passo que a estima refere-se a uma determinada pessoa. Depois de alcançarem suficiente integração com a própria alma, os conselheiros do segundo raio conseguem invocar e receber amor espiritual, trazendo compaixão e estima para a sua consciência ("Que a energia curativa desça, carregando suas linhas duais da vida").

2. *Atração*: Quando os conselheiros recebem amor espiritual, sua experiência é sentida pelos outros. Eles abstêm-se de atividades separativas como críticas e observações desairosas. Sua

---

12. Bailey, *Esoteric Astrology*, pp. 47, 594.

natureza afirmativa e solitária torna-os atrativos — capazes de atrair para si aquelas pessoas às quais podem instruir ou ajudar ("e a sua força magnética").

3. *Radiância*: A compaixão e a estima podem difundir-se a partir do corpo etérico de um conselheiro e ajudar outros indivíduos que estão presentes no sétimo plano físico ("Que essa força magnética viva retire e suplemente aquela que está presente no sétimo"). Mais especificamente, a compaixão pode irradiar-se a partir do chakra do coração, e a estima, a partir do chakra do plexo solar. Essa radiância ajuda os beneficiários a eliminar ou resistir a duas separações: entre o amor unificador do quarto plano ou plano búdico e seus corpos emocionais, no sexto plano ou plano emocional ("opondo o quatro e o seis"); e entre os motivos impessoais ou altruístas do terceiro plano ou plano átmico e o seu comportamento no sétimo plano ou plano físico ("ao três e ao sete"). Mas esta radiância não os ajuda a fortalecer ou aclarar suas mentes concretas, que estão no quinto plano ou plano mental (mas não mexendo com o cinco). Conforme será discutido no Capítulo 4, isso pode ser realizado pela radiação que emana do chakra da garganta.[13]

4. *Poder de Salvar*: A estima permite a percepção exata dos pensamentos subjacentes, ao passo que a crítica e o ressentimento distorcem a percepção e bloqueiam o entendimento. Quando os conselheiros têm o sentimento da estima, suas mentes agem como holofotes que revelam o ponto interno de perturbação dentro de cada pessoa que precisa de assistência ("o vórtice circular e inclusivo — descendo até o ponto — agita"). Depois de obterem essa elucidação, os conselheiros podem falar palavras que têm o poder de remover a perturbação e proporcionar harmonia ("remove e então fornece"). Não obstante, as pessoas precisam salvar a si mesmas através do entendimento das palavras ditas a elas e através da aplicação desse entendimento, por iniciativa própria, à sua vida cotidiana. Assim, o trabalho de salvação é realizado não pelas

---

13. A. A. Bailey, *A Treatise on Cosmic Fire*, p. 863; Bailey, *Telepathy and the Etheric Vehicle*, pp. 8, 20.

palavras propriamente ditas, mas pela reação de cada pessoa e pela reação às palavras ("e assim o trabalho é feito").[14]

5. *Expansão ou Inclusividade*: As pessoas do segundo raio têm a capacidade inerente da razão inclusiva — que é a capacidade de sentir o todo maior e de compreender o meticuloso detalhe desse todo —, mas essa capacidade é percebida apenas de maneira progressiva. Quando as pessoas do segundo raio começam a percorrer o caminho espiritual, elas estão conscientes de que o mundo manifesto é uma criação organizada que brota do coração de Deus ("o coração gira"). Elas também estão conscientes de que essa criação tem um projeto complexo, com múltiplos organismos interiores que produzem um agregado de formas vivas, mas não conhecem nada a não ser a natureza geral do mundo. Mais adiante, no caminho, passam a ver e a compreender a similaridade e a unidade existente entre o macrocosmo, que é o organismo através do qual o coração de Deus está operando, e o microcosmo, que é o organismo através do qual a alma humana está operando ("dois corações giram como um"). Em outras palavras, eles compreenderam o princípio: "Assim como em cima, também embaixo."

Durante um estágio mais avançado, as pessoas do segundo raio têm a capacidade de compreender a intricada beleza dos relacionamentos interiores existentes dentro do Todo divino, os pontos focais de energia que atuam como estações de força e luz dentro desse Todo, e a circulação de energia entre pontos focais. Um desses pontos focais é o centro do coração do Logos solar, que é simbolizado por um lótus de doze pétalas. Trata-se do ponto interior de vida dentro de cada forma manifesta ("o doze dentro do veículo"). Um outro ponto focal é o núcleo do Logos planetário, que também é simbolizado por um lótus de doze pétalas.

---

14. A. A. Bailey, *Letters on Occult Meditation* (1922; reimpressão; Nova York: Lucis Publishing Company, 1974), pp. 285, 286; A. A. Bailey, *The Externalisation of the Hierarchy* (1957; reimpressão; Nova York: Lucis Publishing Company, 1976), p. 635.

Segundo Bailey, o Logos planetário é o núcleo de Shamballa, e esta última é o centro da coroa ou da cabeça da vida planetária. Assim, o centro do coração do Logos planetário carrega a energia que impulsiona e dirige interiormente o centro planetário da cabeça ("o doze dentro da cabeça"). Um terceiro ponto focal é a alma humana, simbolizada por um lótus de doze pétalas, o lótus egóico, que está localizado nos níveis abstratos do plano mental ("e o doze sobre o plano do esforço da alma"). Esses pontos focais de energia cooperam e trabalham em conjunto como uma unidade ("cooperam como se fossem um só"). Quando evocado por um ser humano, o amor espiritual emana do grande coração de amor do Logos solar, passa pelo centro do coração do Logos planetário e, então, chega até a alma.[15]

Na maneira progressiva descrita acima, as pessoas do segundo raio adquirem gradualmente uma compreensão detalhada e integrada do Todo divino. Enquanto adquirem essa compreensão, elas são impelidas por sua alma a servir aos outros, revelando-lhes a unidade essencial das diversas vidas ("e assim o trabalho é feito").

6. *Sabedoria*: Após receber o amor espiritual no nível do lótus egóico, os conselheiros do segundo raio transformam-no em compaixão e estima. Essas duas energias ilustram a capacidade anteriormente descrita da razão inclusiva ("Duas energias alcançam essa consumação"), porque elas proporcionam a capacidade de sentir o todo maior da humanidade e o valor essencial de cada ser humano. Conseqüentemente, os conselheiros tornam-se magnéticos, atraindo aqueles que precisam de assistência. Levando essas duas energias ao nível de seus chakras etéricos, os conselheiros conseguem prestar serviço aos outros. Bailey define *sabedoria* como "o amor expressando-se em assistência". Conforme mostra a Tabela 1 (página 25), o número de pétalas nos chakras do coração, da coroa ou da testa são múltiplos de doze. A sabedoria ocorre quando os três chakras, cujo número é um múltiplo

---

15. A. A. Bailey, *Esoteric Psychology*, vol. 2, pp. 393-396; Bailey, *Esoteric Astrology*, p. 47; Bailey, *Discipleship in the New Age*, vol. 1, p. 768.

de doze, reagem às energias transmitidas pelo lótus egóico ("e os três, cujo número é um doze, reagem ao doze maior"). O chakra do coração responde irradiando compaixão a partir de si mesmo e controlando a radiação de estima a partir do chakra do plexo solar; o chakra da coroa responde revelando claramente a natureza do problema da pessoa, e o chakra da testa responde produzindo as palavras apropriadas de salvação.[16]

Note que a descrição das cinco primeiras qualidades dá os detalhes do processo de aconselhamento, ao passo que a descrição das seis qualidades mostra como os detalhes se encaixam para formar um único todo. Esta organização nos fornece um outro exemplo de razão inclusiva, que é a capacidade do segundo raio de apreender tanto os detalhes como o todo.

Quando estão centralizadas na personalidade, as pessoas percorrem aquilo que poderia ser chamado de caminho do conhecimento. Quando centralizadas na alma, porém, elas percorrem o caminho da compreensão. Os beneficiários do aconselhamento, descritos acima, são ajudados a passar do primeiro para o segundo caminho. Como foram profundamente compreendidos, eles conseguem compreender a si mesmos ("A vida é conhecida"). Como tiveram uma profunda experiência do poder do amor, eles podem prolongar os períodos em que expressam esse poder em sua vida ("e os anos prolongados").

Terceiro Raio

> O terapeuta fica de pé e passa a organizar. Ele reúne, a partir do três, do cinco e do sete, aquilo que é necessário para o coração da vida. Junta as energias e faz com que elas sirvam ao terceiro; assim, ele cria o vórtice dentro do qual o indivíduo necessitado de ajuda precisa descer, e com ele vai

16. Bailey, *Letters on Occult Meditation*, p, 286; Bailey, *A Treatise on Cosmic Fire*, pp. 859, 860.

o terapeuta. E, não obstante, ambos permanecem calmos e em paz. Portanto, o anjo do Senhor precisa descer ao fundo comum para levar a vida curativa.[17]

A terceira seção do capítulo anterior descreveu de que modo os educadores podem aplicar os princípios de Maria Montessori e preparar bons ambientes na sala de aula para as crianças. Presume-se que esses educadores ocupem uma posição em que consigam reconhecer os bons princípios educacionais formulados por outra pessoa, mas que sejam incapazes de descobrir esses princípios por si mesmos. A presente seção trata dos educadores do terceiro raio, que ocupam uma posição mais avançada. Usando suas qualidades características, eles formulam novos princípios educacionais, e então preparam ambientes projetados para atender a diversos tipos de pessoas para um aprendizado eficaz.

1. *Iluminação Mental*: Educadores avançados do terceiro raio conseguem ter a mente iluminada pela mente de Deus. Através da disciplina mental, cada um eleva temporariamente o centro da consciência, que passa do corpo mental para a alma ("O terapeuta fica de pé"). Depois disso, a alma recebe idéias intuitivas da mente de Deus, formula ou organiza princípios abstratos que incorporam essas idéias e leva esses princípios até o corpo mental, que está à espera ("e passa a organizar"). Este ciclo de atividade da alma termina quando o centro da consciência volta ao corpo mental.

2. *Capacidade de Manifestação*: Usando o terceiro, o quinto e o sétimo sub-raios de suas almas, os educadores do terceiro raio manifestam os novos ambientes de aprendizado que são necessários para a expansão da natureza espiritual dos seres humanos ("Ele reúne, a partir do três, do cinco e do sete, aquilo que é necessário para o coração da vida"). Eles usam o terceiro sub-raio para converter seus princípios abstratos em planos concretos, o quinto sub-raio para conservar os sentimentos emocionais apropriados e o sétimo sub-raio para dirigir as atividades no plano

---

17. Bailey, *Esoteric Healing*, p. 708.

físico. Os ambientes de aprendizado poderiam incluir instalações para o tratamento de viciados em drogas, instalações para o tratamento de doentes mentais, educação primária e secundária, comunidades de vida holística e escolas de filosofia, psicologia e religião. Cada ambiente mostra que tem uma origem divina ajudando os participantes a expandir a sua divindade interior.

3. *Investigação Científica*: O plano divino é uma expressão da inteligência ativa ou qualidade do terceiro raio de Deus, e existe no nível das idéias intuitivas.[18] Depois de receberem os aspectos do plano divino que lhes foram atribuídos, os educadores trazem-nos para baixo em três passos principais: formulação de princípios abstratos, construção de planos mentais e, então, manifestação desses planos em formas tangíveis. Para garantir que as formas manifestadas são o verdadeiro reflexo do plano divino aqui embaixo, eles reconstituem o caminho da transformação de energia ao se dirigirem para cima. Em outras palavras, eles investigam as formas externas, descobrem os padrões internos às quais elas servem e, em seguida, fazem os ajustes necessários para que as formas sirvam de fato ao plano divino ("Ele junta as energias e faz com que elas sirvam ao terceiro"). Esta é uma investigação científica no sentido de que os educadores começam estudando as estruturas externas e, então, inferem os relacionamentos e princípios subjacentes.

4. *Capacidade de Evoluir*: Através dos esforços anteriores, os educadores criam ambientes de aprendizado onde as pessoas angustiadas entram e, desse modo, adquirem maior domínio sobre si mesmas ("assim, ele cria o vórtice dentro do qual o indivíduo necessitado de ajuda precisa descer"). A evolução dos participantes ocorre quando eles aprendem a evocar a própria natureza interior que é o terapeuta divino interior ("e com ele vai o terapeuta"), e isto ocorre em diversos estágios. No início, os participantes aprendem a ser personalidades integradas. Posteriormente, eles expressam a visão da alma e, depois disso, a vida do espírito.

---

18. Bailey, *Telepathy and the Etheric Vehicle*, p. 46.

5. *Equilíbrio*: Para expressar suas qualidades espirituais interiores, a pessoa precisa seguir o caminho médio entre os pares de opostos. Em outras palavras, a pessoa precisa evitar o comportamento extremo e encontrar o equilíbrio apropriado entre descanso e atividade, inspiração e transpiração, austeridade e indulgência, atividade individual e de grupo, meditação e prática, e assim por diante. Os educadores avançados conseguem seguir o caminho médio ao manifestarem seus ambientes de aprendizado, de modo que cada participante é encorajado a seguir o caminho médio ("E, não obstante, ambos permanecem calmos e em paz").[19]

6. *Capacidade de Produzir Síntese no Plano Físico*: A última sentença da afirmação simbólica de Bailey tem um duplo significado. Em primeiro lugar, através da aplicação das qualidades anteriores, o plano divino manifesta-se no mundo físico como novos ambientes de aprendizado e traz as experiências necessárias para a evolução coletiva da humanidade ("Portanto, o anjo do Senhor precisa descer ao fundo comum e levar a vida curativa"). Segundo, como nos ambientes os participantes são encorajados a seguir o caminho médio, as qualidades divinas de cada participante são evocadas em sua experiência física e trazem a iluminação necessária para a evolução individual. Dessa maneira, os educadores do terceiro raio têm o poder de produzir a síntese no plano físico, revelando a unicidade da forma física e do plano divino, do coletivo e do individual, da vida humana e da vida espiritual.

Quarto Raio

> O terapeuta sabe onde a dissonância é encontrada. Ele também conhece o poder do som e o som que deve ser ouvido. Conhecendo a nota à qual o quarto grande grupo reage e ligando-a ao grande Nove Criativo, ele faz soar a nota que traz libertação, a nota que vai trazer absorção para a unidade. Ele

---

19. Bailey, *Esoteric Psychology*, vol. 2, pp. 160-163.

educa o ouvido daquele que precisa ser curado e também treina o ouvido daquele que tem de seguir em frente. Ele conhece a natureza do som que traz o toque curativo; e também daquele que diz: "Afaste-se." E assim o trabalho é feito.[20]

Como a fórmula do quarto raio refere-se ao lótus egóico, consideremos esse conceito com mais detalhes. Embora o lótus egóico seja um símbolo concreto, ele representa a natureza e as características da alma, que pertence aos níveis abstratos do plano mental. O lótus egóico tem doze pétalas e cada uma delas representa um determinado poder da alma. As nove pétalas externas estendem-se a partir de um centro comum e cobrem as três pétalas centrais. Para uma pessoa pouco desenvolvida, essas doze pétalas têm a aparência de um botão fechado; através da evolução, porém, elas se tornam organizadas e vitalizadas, e então se abrem. Conseqüentemente, o lógus egóico proporciona uma imagem dinâmica do modo como os vários poderes da alma desabrocham ao longo do tempo.

Neste livro, estamos interessados apenas no significado das nove pétalas externas. Conforme mostra a Tabela 6 (página 105), o desabrochar de cada pétala externa marca um estágio definido de evolução, e ocorre quando a pessoa aprende as lições correspondentes a partir de suas experiências. As nove pétalas externas formam três círculos concêntricos, com três pétalas em cada círculo. As pétalas do círculo maior são chamadas de pétalas do *conhecimento* e incorporam a sabedoria ou essência abstrata do conhecimento, necessária para a atividade inteligente no plano físico. As pétalas do círculo médio são chamadas de pétalas do *amor*, e incorporam a sabedoria necessária para transformar os sentimentos egocêntricos em amor inclusivo. As pétalas do círculo menor são chamadas de pétalas do *sacrifício* e incorporam a sabedoria necessária para sacrificar metas materialistas e servir à humanidade. As pétalas do conhecimento desabrocham primeiro, seguidas pelas pétalas do amor e, depois, pelas pétalas do sacrifício.

---

20. A. A. Bailey, *Esoteric Healing*, p. 709.

Tabela 6. As Nove Pétalas Externas do Lótus Egóico*

Primeiro Grupo de Pétalas – Pétalas do Conhecimento
1. "A *Pétala do Conhecimento* para o plano físico. Através da quebra da Lei e do sofrimento resultante, o preço da ignorância é pago e o conhecimento alcançado. Esse desabrochar é produzido através do plano da experiência física."   2. "A *Pétala do Amor* para o plano físico. Desabrocha através dos relacionamentos físicos e do gradual crescimento do amor, que passa do amor por si mesmo para o amor pelos outros."   3. "A *Pétala do Sacrifício* para o plano físico. Este desabrochar é produzido pela força das circunstâncias e não pelo livre-arbítrio. Trata-se da oferenda do corpo físico no altar do desejo — um desejo, para começar, e uma aspiração voltada para um fim, porém ainda um desejo."
Segundo Grupo de Pétalas – Pétalas do Amor
4. "A *Pétala do Conhecimento* para o plano astral. O desabrochar é produzido pelo equilíbrio consciente dos pares de opostos, e pela gradual utilização da Lei de Atração e Repulsão."   5. "A *Pétala do Amor* para o plano astral. O desabrochar é produzido pelo processo de transmutação gradual do amor de natureza subjetiva ou do *Eu* interior."   6. "A *Pétala do Sacrifício* para o plano astral. O desabrochar é produzido pela atitude do homem enquanto se

esforça conscientemente para renunciar aos próprios desejos em favor do desejo do grupo. O seu motivo ainda é um tanto obscuro e influenciado por um desejo de obter algum retorno em troca daquilo que dá e de receber o amor daqueles a quem procura servir, mas é muito mais elevado do que o sacrifício cego a que um homem é obrigado pelas circunstâncias, como ocorreu no desenvolvimento anterior."
Terceiro Grupo de Pétalas – Pétalas do Sacrifício
7. "A *Pétala do Conhecimento* para o plano mental. O seu desabrochar marca o período em que o homem utiliza conscientemente tudo o que ganhou ou está ganhando sob a lei, em favor de um claro benefício para a humanidade." 8. "A *Pétala do Amor* no plano mental. Desabrocha através da aplicação constante e consciente de todos os poderes da alma a serviço da humanidade, sem pensar em retribuição e sem qualquer desejo de recompensa pelo imenso sacrifício despendido." 9. "A *Pétala do Sacrifício* para o plano mental. Demonstra as tendências predominantes da alma, tais como são vistas numa série de muitas vidas pelas quais o iniciado passou antes da sua emancipação final. Em sua esfera, ele se transforma no Grande Sacrifício."

*Fonte: A. A. Bailey, *A Treatise on Cosmic Fire* (1925; reimpressão; Nova York: Lucis Publishing Company, 1977), pp. 539-542.

Depois de levarem harmonia à sua natureza interior, os indivíduos do quarto raio podem ajudar outras pessoas a superar os seus conflitos interiores e a alcançar a harmonia dentro de si mesmas. Como esse processo de ajuda equivale a uma psicoterapia, nós devemos nos referir àquele que cura como o terapeuta e ao beneficiário como o paciente. As explicações a respeito das três primeiras qualidades são de caráter geral e pretende-se que sejam aplicáveis a todos os pacientes que buscam assistência. As explicações sobre as três últimas qualidades são mais específicas, cada uma aplicando-se apenas a uma determinada categoria de pacientes.

1. *Capacidade de Penetrar nas Profundezas da Matéria*: A evolução humana desenvolve-se como uma série de integrações. O primeiro passo de uma pessoa é a integração do corpo físico com o corpo emocional. Os passos subseqüentes incluem a integração desses dois com o corpo mental, a integração desses três com a personalidade como um todo e a integração da personalidade coordenada com a alma. Antes de alcançar qualquer dessas integrações, a pessoa passa por um período de angústia devido a um sentimento de separação entre as partes inferiores integradas e a parte superior que é a próxima a ser integrada. Essa angústia pode manifestar-se em forma de inquietação, frustração, futilidade ou de um colapso nervoso. Se a angústia for suficientemente grave, então a pessoa poderá procurar a ajuda compreensiva de um terapeuta competente.

Quando procurados por pacientes que estão sofrendo com uma sensação interior de desconforto e frustração, os terapeutas experientes do quarto raio têm o poder de penetrar por trás dos sintomas de angústia e identificar o ponto de separação que cada paciente está encontrando. Em outras palavras, eles conseguem reconhecer o local da constituição interior do paciente, onde as partes anteriormente integradas estão em conflito com a parte superior que está buscando integração ("O terapeuta sabe onde a dissonância é encontrada").

2. *Harmonia das Esferas*: Os terapeutas experientes conseguem perceber a harmonia subjacente que já existe entre as

diversas esferas ou partes da constituição interior de cada paciente. Eles sabem, por exemplo, que a capacidade de produzir a necessária integração e de pôr um fim a esse sentimento de dualidade está dentro do paciente — porque a próxima parte a ser integrada é essencialmente mais poderosa do que as partes interiores que estão aguardando ("Ele também conhece o poder do som"). O desconforto, a dor e a angústia do paciente são na verdade sintomas de aspiração e constituem reações das partes integradas contra a parte superior que busca integração. As partes inferiores são negativas e receptivas enquanto a parte superior é positiva e dinâmica. Eles também sabem que a crise psicológica precisa ser enfrentada e compreendida pelo paciente ("e o som que deve ser ouvido") para que ele possa continuar a progredir. A espécie humana desenvolveu-se até o seu atual estágio de evolução enfrentando essas dificuldades e cada pessoa progride da mesma maneira. Como esta crise é parte integrante do processo evolutivo, a sua ocorrência de fato indica progresso e oportunidade em vez de desastre e fracasso. A crise psicológica acarreta a necessidade de um esforço estrênuo e acabará produzindo um sentimento de progresso e liberdade quando superada e resolvida. Após alcançar essa integração, contudo, o paciente precisa repetir o mesmo ciclo num nível mais elevado, enfrentando um outro conflito interior.[21]

3. *Síntese da Verdadeira Beleza*: A figura 1 (página 11) mostra que a constituição humana consiste em quatro grupos principais: mônada, tríade espiritual, alma e personalidade. A fórmula de Bailey refere-se à personalidade como o "quarto grande grupo", porque ela é o quarto ou o menos elevado desses grupos. O terapeuta experimentado conhece as palavras específicas às quais a personalidade do paciente responde e que a ligam às nove pétalas externas do lótus egóico ("Conhecendo a nota à qual o quarto grande grupo reage e ligando-a ao grande Nove Criativo"). Em outras palavras, o terapeuta tem a capacidade de falar de um

21. Bailey, *Esoteric Psychology*, vol. 2, pp. 427, 428.

modo que transmita uma nova compreensão, sendo esta última simbolizada como uma nova atividade ou desabrochar dentro das pétalas do lótus egóico. Graças a essa habilidade, o terapeuta oferece instruções eficazes a respeito de como liberar o poder da parte superior que está buscando integração ("ele faz soar a nota que traz libertação"). Após o poder da parte superior ser liberado, ele promove uma síntese de verdadeira unidade e harmonia com as partes inferiores da constituição interna do paciente ("a nota que vai trazer absorção para a unidade").

4. *Aspectos Duais do Desejo*: O desejo egoísta é um claro obstáculo para algumas pessoas, mas uma vantagem para outras. Como os terapeutas do quarto raio compreendem esses dois aspectos do desejo, o seu método de trabalhar com o desejo depende das necessidades de cada paciente. Primeiro, suponha que um determinado paciente esteja experimentando um conflito interior entre a personalidade e a alma, que é o mesmo tipo de conflito considerado na segunda seção do Capítulo 2. Esse conflito surge quando o paciente sente as qualidades do raio de sua alma e compara essas qualidades com as atividades egocêntricas de sua vida diária. Aqui o terapeuta educa o paciente sobre o modo de curar ou superar o desejo da personalidade, o que precisa ser feito antes que a personalidade possa ser um instrumento da alma ("Ele educa o ouvido daquele que precisa ser curado"). A abordagem necessária inclui observar a personalidade de uma maneira objetiva, evocando a sabedoria da alma e, então, transmutando os motivos egoístas em motivos não-egoístas.

Por outro lado, suponha que o paciente esteja experimentando uma separação entre os elementos da personalidade e a personalidade como um todo. Esta separação torna-se evidente quando o paciente deseja satisfazer um desejo para obter influência e poder em algum campo, mas é impedido de fazê-lo devido a uma falta de coordenação. Poderá haver, por exemplo, incapacidade para concentração, interrupções na continuidade dos interesses, tarefas inacabadas e frustração. Agora o terapeuta ensina como seguir em frente e satisfazer o desejo, coisa que o paciente deve fazer como o próximo passo de sua evolução ("e também treina o ouvido daquele que tem de seguir em frente"). Por exemplo: o paciente poderia receber ajuda para ter uma alimentação correta e fazer exercícios físicos; para eliminar o sentimento de culpa e problemas concomitantes como revolta, desconfiança e complexo de inferioridade; para ter os interesses corretos, bem como educação e treinamento vocacional; e para desenvolver quaisquer faculdades criativas que possam satisfazer o desejo de a pessoa ser notada e dar a sua contribuição.

5. *Capacidade de Expressar a Divindade:* A seguir, considere as pessoas que estão enfrentando a separação entre seus corpos físico e emocional. Tais pessoas estão centralizadas em seu corpo físico, o que significa que elas estão interessadas basicamente em experimentar prazeres físicos sem qualquer compreensão inteligente do seu meio. Todavia, elas também sentem vagamente a presença de sentimentos e de uma consciência inata, sendo esta um anseio intuitivo para uma vida mais elevada. Embora esta separação específica geralmente seja integrada por crianças como parte de seu desenvolvimento natural, ela também pode ocorrer em adultos, provocando muitos dos casos problemáticos encontrados em clínicas psiquiátricas. Em qualquer dos casos, o terapeuta experimentado conhece o método de tratamento que põe em atividade a imaginação criativa do paciente e a sua capacidade de tomar decisões, o que, então, cura a separação ("Ele conhece a natureza do som que traz o toque curativo"). Segundo Bailey, esses dois fatores "são uma extraordinária evidência da divindade do homem". A imaginação criativa produz um senso de fantasia e percepção da beleza. Tomar decisões ajuda a expandir a consciência inata e implica considerações a respeito de causas e fins. A natureza emocional é dotada de escapes construtivos apenas quando a imaginação criativa é balanceada e equilibrada por escolhas corretas e valores superiores.[22]

---

22. Bailey, *Glamour: A World Problem*, pp. 108, 109; Bailey, *Esoteric Psychology*, vol. 2, pp. 428, 429.

6. *Capacidade de Revelar o Caminho*: Por fim, considere os pacientes que enfrentam uma separação entre seus corpos emocional e mental. Eles estão conscientes de desejos fortes e compulsivos, os quais os mantêm no domínio do anseio, da expectativa e da vontade. Porém, os seus pensamentos trazem a convicção de que eles são incapazes de satisfazer os seus desejos e dúvidas a respeito das suas metas ou até mesmo do seu valor. Devido a essa separação, eles podem sentir-se frustrados e deprimidos, tornar-se inativos, escapar através de diversas fantasias, e até mesmo considerar a possibilidade de suicídio. Ou talvez até sejam impelidos compulsivamente a satisfazer esses desejos, coisa que poderá "quebrá-los" física ou psicologicamente. Ao trabalhar com uma pessoa assim, o terapeuta experimentado conhece o método de tratamento que desenvolve o poder de discriminação mental do paciente, o que, então, revela o caminho apropriado a seguir ("e também aquele que diz: Afaste-se"). Através do uso eficaz do intelecto, o paciente faz a distinção entre o essencial e o não-essencial, entre a direção correta e as metas erradas, e entre os programas práticos e as atividades fadadas ao fracasso ("E assim o trabalho é feito").[23]

Quinto Raio

> Aquilo que foi dado deve ser usado; aquilo que emerge a partir de um determinado método encontrará o seu lugar no plano do terapeuta. Aquilo que está oculto deve ser visto e, a partir dos três, um grande conhecimento emergirá. É isso o que o terapeuta busca. A isso o terapeuta acrescenta os dois que são como um, e assim o quinto deve fazer a sua parte, os cinco devem fazer a sua parte, e os cinco devem funcionar como um. As energias descem, atravessam e desaparecem, deixando aquele que poderia responder com o karma ainda

23. Bailey, *Esoteric Psychology*, vol. 2, pp. 421, 422.

por dissipar, e levando com elas aquele que talvez não reaja dessa maneira e, portanto, deve igualmente desaparecer.[24]

Depois que as pessoas do quinto raio alcançam a segunda iniciação, elas se tornam excelentes pesquisadores e podem servir aos outros atingindo os estágios avançados da raja yoga. Os problemas que elas investigam poderiam ser de qualquer divisão do conhecimento humano, tais como religião, ciência ou economia. Suas qualidades características são descritas a seguir.

1. *Emergência para Dentro e para Fora da Forma*: O plano mental consiste em sete subplanos que se dividem em dois grupos: os quatro subplanos inferiores são os níveis concretos ou da forma; os três subplanos superiores são os níveis abstratos ou desprovidos de forma. A primeira qualidade refere-se aos dois diferentes tipos de emergência: a emergência de uma intuição abstrata dentro do corpo mental, nos níveis concretos, e a emergência da consciência dentro da alma, nos níveis abstratos.

Os pesquisadores do quinto raio têm a capacidade de experimentar esses dois tipos de emergência, dominando os três primeiros estágios da raja yoga. O primeiro estágio é chamado de *concentração*. No contexto da pesquisa, a concentração envolve a escolha de um pensamento inicial relacionado com algum problema do mundo, e a imposição a si mesmo de uma fronteira mental circular que permite a entrada apenas de pensamentos a respeito da importância, significado e implicações do pensamento inicial. Esta fronteira circular deve então ser usada para limitar os pensamentos do indivíduo ("Aquilo que foi dado deve ser usado"). Sempre que os pensamentos saem fora da fronteira, eles são substituídos pelo pensamento inicial.

O segundo estágio da raja yoga é chamado de *meditação*. Cada pesquisador penetra esse estágio quando começa a sentir que a verdade abstrata ou relacionamentos interiores estão sendo escondidos pelo pensamento inicial. A princípio poderá ser difícil

---

24. Bailey, *Esoteric Healing*, p. 710.

compreender e entrar em contato com a verdade. Com o esforço para compreender, porém, pouco a pouco a verdade abstrata emergirá do interior da fronteira circular para os níveis concretos do plano mental e encontrará o seu lugar nos planos e nos pensamentos do pesquisador ("aquilo que emerge a partir de um determinado método encontrará o seu lugar no plano do terapeuta").

A segunda frase da fórmula de Bailey tem um duplo significado porque também descreve o terceiro estágio da raja yoga, chamado de *contemplação*. No início deste estágio, o centro da consciência do pesquisador desloca-se para fora do corpo mental, nos níveis concretos do plano mental, e emerge de dentro da alma para os níveis abstratos, capacitando a alma a desempenhar um papel ativo na investigação ("aquilo que emerge a partir de um determinado método encontrará o seu lugar no plano do terapeuta"). Nesse meio-tempo, o corpo mental está inativo e é orientado a receber os pensamentos abstratos vindos da alma.[25]

2. *Capacidade de Fazer a Voz do Silêncio Ser Ouvida*: A alma é o armazém da sabedoria, que é a essência abstrata aprendida com a experiência, e a alma é também o instrumento para a expressão dos princípios ou pensamentos abstratos. Quando o pensamento abstrato é uma resposta da memória em vez de o produto de uma realização direta, ele é limitado e talvez produza ilusões. Durante o estágio de contemplação, a alma pode evitar essas ilusões porque tem o poder de evocar revelações de uma parte ainda mais profunda do eu interior, que é a mente espiritual. Essas revelações são percepções diretas da verdade e às vezes são chamadas de a "Voz do Silêncio". Através dessa evocação ou alinhamento superior, aquilo que anteriormente tinha sido oculto é visto com clareza ("Aquilo que está oculto deve ser visto"). Depois de receber as revelações, a alma as usa para orientar a sua expressão dos pensamentos abstratos.[26]

---

25. A. A. Bailey, *From Intellect to Intuition* (1932; reimpressão; Nova York: Lucis Publishing Company, 1974), pp. 113, 132-144.

26. Bailey, *A Treatise on White Magic*, pp. 515, 516.

3. *Manifestação da Grande Luz Branca*: Quando o centro da consciência do pesquisador volta para o corpo mental, o estágio de contemplação termina e o quarto estágio da raja yoga, chamado de *iluminação*, se inicia. O corpo mental torna-se ativo e formula o conhecimento concreto que engloba tanto a sabedoria da alma quanto as percepções do corpo espiritual. A partir dessa tripla combinação das luzes do conhecimento, da sabedoria e das percepções, vai emergir uma grande compreensão a respeito do pensamento inicial ("e a partir dos três, um grande conhecimento emergirá"). Por exemplo: o pesquisador poderia ter novas idéias que prestassem testemunho do plano divino, novas descobertas relacionadas com os seres humanos e com a natureza, ou novas invenções que pudessem melhorar as condições de vida da humanidade.

4. *Revelação do Caminho*: O quinto estágio da raja yoga é chamado de *inspiração*, e é descrito no restante da fórmula de Bailey. Após desenvolver uma profunda compreensão a respeito de um determinado assunto, o pesquisador sente um anseio ou desejo de ver essa compreensão trazida à Terra e de promover uma certa melhoria nas condições do mundo. Todavia, a implementação de qualquer visão espiritual nunca é obra de uma só pessoa. Somente quando a visão tiver sido percebida por muitos é que ela poderá manifestar-se na forma física. Assim, com o propósito de materializar a nova compreensão, o pesquisador procura a melhor maneira de comunicar isso aos outros e, em troca, obter a sua ajuda ("É isso o que o terapeuta busca"). A estratégia básica consiste em tocar um grande número de pessoas com uma breve cápsula de novas idéias, as quais, então, vão atrair aqueles indivíduos especiais que estão suficientemente prontos, aptos e interessados em ouvir mais. Depois de examinar as diversas abordagens disponíveis para a publicidade, o pesquisador identifica e escolhe, disseca e analisa, até o melhor plano ser revelado.[27]

---

27. Bailey, *A Treatise on White Magic*, p. 368.

5. *Capacidade de Iniciar Atividades*: O próximo passo é iniciar as atividades do plano para o grande público. Aqui o pesquisador junta as energias do corpo etérico e do corpo físico denso, as duas partes do veículo físico ("A isso o terapeuta acrescenta os dois que são como um"). Se o plano for implementado com sucesso, então as luzes do conhecimento, da sabedoria e das percepções, que são as luzes do quinto plano mental, vão desempenhar a sua parte na evolução da consciência humana ("e, assim, o quinto deve fazer a sua parte"). Para que o plano seja implementado com sucesso, as cinco partes inferiores da constituição humana devem fazer uma contribuição ("e os cinco devem fazer a sua parte"). A sabedoria da alma deve orientar a mente, a mente deve preservar os detalhes do plano e controlar a natureza inferior, o corpo emocional deve preservar o desejo de executar o plano e proporcionar a capacidade de cooperar com os outros, o corpo etérico deve dar o poder de agir e de ser energético e o corpo físico denso deve manipular e funcionar no mundo tangível.

O pesquisador poderia ter a tendência para promover o plano de uma forma desequilibrada, a fim de obter publicidade. Um indivíduo, por exemplo, poderia ficar obcecado com as próprias idéias no nível mental, ser um fanático no nível emocional ou exaurir-se no nível físico. Para evitar as diversas possibilidades de ênfase indevida, as cinco partes inferiores da constituição devem funcionar e trabalhar juntas de uma maneira harmoniosa e integrada ("e os cinco devem funcionar como um").[28]

6. *Purificação com o Fogo*: Neste ponto, o pesquisador já divulgou as suas idéias e atraiu vários ouvintes que desejam estudálas em detalhes. Para que as novas idéias possam cumprir a sua função, o pesquisador as transforma em novas teorias, demonstrações, experimentos, aparelhos mecânicos ou representações audiovisuais, que são comunicados e compreendidos pelos ouvintes ("As energias descem, atravessam e desaparecem"). O fogo

---

28. Bailey, *Esoteric Psychology*, vol. 2, pp. 369, 370.

é o símbolo do intelecto.[29] Por meio das explicações, a força impetuosa das novas idéias purifica o pensamento de cada ouvinte — deixando permanecer qualquer crença ou atitude que ainda seja consistente com as novas idéias e removendo qualquer crença ou atitude que não seja consistente e, portanto, tenha sido considerada falsa ("deixando aquele que poderia responder com o karma ainda por dissipar e levando com eles aquele que talvez não reaja dessa maneira e, portanto, deve igualmente desaparecer").

As seis qualidades anteriores englobam todos os cinco estágios da raja yoga. Bailey sumariza esses estágios da seguinte maneira:

1) *Concentração.* Este é o ato de concentrar a mente, aprendendo a focalizá-la e a fazer uso dela.

2) *Meditação.* O prolongado enfoque da atenção num determinado sentido e a firme ligação da mente com qualquer idéia desejada.

3) *Contemplação.* Uma atividade da alma, livre da mente, que se conserva inativa.

4) *Iluminação.* Este é o resultado dos três processos anteriores e implica transferência do conhecimento obtido para a consciência do cérebro.

5) *Inspiração.* O resultado da iluminação, demonstrado através de uma vida de serviços prestados.[30]

O domínio de cada estágio conduz seqüencialmente ao estágio seguinte; eles elevam uma pessoa do domínio do sentimento para o domínio do conhecimento e, em seguida, para o domínio da iluminação intuitiva.

---

29. Bailey, *A Treatise on White Magic*, p. 250.
30. Bailey, *From Intellect to Intuition*, p. 99.

Cortando as águas, deixando o poder descer, o terapeuta grita. Ele não se preocupa com o modo como as águas possam responder; elas freqüentemente trazem ondas tempestuosas e acontecimentos calamitosos e terríveis. O final é bom. O problema estará terminado quando a tempestade amainar e a energia tiver cumprido o seu destino predeterminado. O poder é forçado a penetrar diretamente o coração, e dentro de cada canal, nadi, nervo e do baço o poder tem de buscar uma passagem e um caminho, e assim confrontar o inimigo que se introduziu e se estabeleceu para viver. A expulsão — implacável, brusca e completa — é empreendida por aquele que não vê nada menos que o funcionamento perfeito e não tolera nenhuma interferência. Esse perfeito funcionamento abre, assim, a porta para a vida eterna ou para a vida na Terra, ainda que por pouco tempo.[31]

Os quatro elementos tradicionais da alquimia são a terra, a água, o fogo e o ar. Esses elementos são às vezes usados para caracterizar e simbolizar os quatro planos inferiores: terra para o mundo físico, água para a natureza emocional, fogo para a mente e ar para o plano búdico.[32] Assim como o método de serviço do quinto raio dizia respeito basicamente à impetuosa força da mente, o método do sexto raio está relacionado principalmente com as reações de natureza emocional.

As reações emocionais, na forma de *glamours*, podem prejudicar qualquer serviço que estiver sendo prestado. Exemplos de *glamours* comuns são o sentimento de que somos donos da verdade, o sentimento de sermos superiores àqueles que estão sendo servidos e o sentimento de nos considerarmos virtuosos ao mesmo tempo que, hipocritamente, afetamos humildade. Quando

---

31. Bailey, *Esoteric Healing*, p. 711.
32. Bailey, *A Treatise on White Magic*, pp. 248-250.

os indivíduos têm o sexto raio como o raio de sua alma e estão devotados à verdade, eles podem superar os seus *glamours* e servir ao plano divino, um processo que descrevemos a seguir.

1. *Superando as Águas da Natureza Emocional*: Antes que possam dedicar-se a servir aos outros, os servidores avançados do sexto raio fazem uma pausa e analisam os seus sentimentos, que são as águas da natureza emocional, para descobrir se há algum *glamour* presente ("Cortando as águas"). Para que sua assistência seja realmente útil aos outros, eles se esforçam por superar quaisquer *glamours* que possam identificar. Sua abordagem consiste em focalizar a consciência no plano mental, juntar as luzes da mente e da alma, e então derramar essa combinação de luzes sobre os *glamours* identificados ("deixando o poder descer"). Estar focalizado no plano mental equivale a ter uma visão objetiva dos *glamours* e ficar afastado deles. Quando os servidores enfrentam e aceitam as verdades reveladas a eles ("o terapeuta grita"), os seus *glamours* desaparecem.[33]

2. *Resistência e Destemor*: Para dissipar um *glamour* é preciso que a mente seja usada como ponte entre a luz da alma e os lugares escuros da natureza emocional. Esse relacionamento de ligação é desagradável e possivelmente terrificante, porque a pessoa tem de confrontar-se com a real verdade a respeito de si mesma. Usando as qualidades da resistência e do destemor, os servidores podem observar as suas reações emocionais de uma maneira calma e imparcial, sem autojustificação, resistência ou ressentimento ("Ele não se preocupa com o modo como as águas possam responder"). Essa observação em geral torna o indivíduo consciente do orgulho, da vaidade da auto-ilusão e de seus erros ("elas freqüentemente trazem ondas tempestuosas e acontecimentos calamitosos e terríveis"). Perseverando até o fim, eles descobrem que a verdadeira eliminação de um *glamour* é uma experiência satisfatória ("O final é bom").[34]

---

33. Bailey, *Esoteric Psychology*, vol. 2, pp. 136, 137; Bailey, *Glamour: A World Problem*, pp. 204, 210.

34. Bailey, *Glamour: A World Problem*, pp. 145, 204.

3. *Capacidade de Eliminar o Desejo*: Os vários estágios da raja yoga foram definidos como parte do comentário para a fórmula do quinto raio. A capacidade de erradicar um determinado *glamour*, que é uma forma de desejo egoísta, é obtida através dos dois primeiros estágios da raja yoga. O primeiro estágio, a concentração, consiste em focalizar a atenção no *glamour*. O segundo estágio, a meditação, consiste no uso da análise, da discriminação e dos pensamentos corretos para lidar com o *glamour*, ao mesmo tempo que a pessoa é orientada pelas intuições provenientes da alma. O *glamour* acabará quando todas as distrações se reduzirem durante o estágio de concentração e quando a mente iluminada tiver alcançado as necessárias percepções durante o estágio de iluminação ("O problema estará terminado quando a tempestade amainar e a energia tiver cumprido o seu destino predeterminado").

4. *Auto-imolação*: O corpo emocional é uma máquina orgânica que reage às condições internas de acordo com a sua programação interior, sendo esta um padrão de crenças mantido na mente. Para que um determinado *glamour* desapareça é preciso que a luz da alma force a luz da mente a penetrar diretamente na programação interior associada, que é a essência, o real significado ou o coração do *glamour* ("O poder é forçado a penetrar diretamente o coração"). Em especial, o indivíduo precisa procurar todo conceito, atitude, opinião ou afirmação que cria, energiza, condiciona e preserva o *glamour* ("e dentro de cada canal, nadi, nervo e do baço, o poder tem de buscar uma passagem e um caminho"). O próximo passo é confrontar essas crenças — o que significa apurar o seu caráter falso ou verdadeiro — porque elas têm poder apenas enquanto forem aceitas e puderem ocupar a consciência da pessoa ("e, assim, confrontar o inimigo que ali se introduziu e se estabeleceu para viver"). Essa confrontação tem como resultado o sacrifício ou imolação de uma parte falsa do eu.

5. *Repelir o que não é Desejado*: Através da aplicação dos passos anteriores, os servidores do sexto raio alcançam a

percepção de que um dado *glamour é* causado por uma identificação com os objetos de desejo, com a personalidade e com aquilo que é material. A rejeição dessa identificação — de uma maneira abrupta, súbita e completa — é feita quando os servidores reconhecem o fato de que eles são o Eu e nada mais, que eles são a perfeita realidade espiritual e não alguma ilusão mental que iria interferir com a expressão de sua realidade ("A expulsão — implacável, brusca e completa — é empreendida por aquele que não vê nada menos que o funcionamento perfeito e não tolera nenhuma interferência"). Rejeitando a causa subjacente do *glamour*, eles conseguem dispersar o próprio *glamour*.[35]

6. *A Capacidade de se Desprender*: Através do reconhecimento de sua identidade espiritual, os servidores avançados conquistam a capacidade de se desprenderem do mundo material e de penetrarem no mundo eterno da alma ("Esse perfeito funcionamento abre, assim, a porta para a vida eterna"). Entrar no mundo da alma equivale a alcançar o estágio de contemplação da raja yoga. Durante esse estágio, a alma revela à mente equilibrada e tranqüila o próximo passo a ser tomado no plano divino para a humanidade, o que é recebido como uma compreensão intuitiva das necessidades humanas e de como satisfazer essas necessidades. Como esses servidores podem evitar o *glamour*, o fluxo descendente dessa compreensão inunda a sua natureza emocional com um amor realmente abnegado, com a devoção ao plano divino e com o desejo de servir a esse plano. Em conseqüência, eles retornam ao mundo material e ajudam a satisfazer as necessidades de seus semelhantes ("ou para a vida na Terra").[36] Como essa entrada e retorno constituem um processo cíclico, cada uma de suas fases dura apenas um breve período de tempo ("ainda que por pouco tempo"), e então o ciclo é repetido.

---

35. A. A. Bailey, *The Rays and the Initiations* (1960; reimpressão; Nova York: Lucis Publishing Company, 1976), p. 5; Bailey, *Glamour: A World Problem*, pp. 242, 243, 263.

36. Bailey, *Esoteric Psychology*, vol. 2, pp. 135-137.

Conforme diz o Catecismo Esotérico de Bailey, "Olho para cima e ajudo embaixo".[37]

Sétimo Raio

A energia e a força têm de se encontrar, e assim o trabalho é feito. A cor e o som, em seqüência ordenada, devem encontrar-se e fundir-se, e assim o trabalho de magia pode prosseguir. A substância e o espírito devem evocar um ao outro e, passando através do centro daquele que procura ajudar, produzir o novo e o bom. Com a vida, portanto, o terapeuta energiza a vida enfraquecida, impelindo-a para a frente ou ancorando-a ainda mais profundamente no lugar de destino. Todos os sete devem ser usados e através dos sete devem passar as energias necessárias, criando o novo homem que sempre existiu e sempre existirá, tanto aqui como lá.[38]

A magia ocorre sempre que imagens mentais são traduzidas para a realidade física. Qualquer atividade de magia pode ser classificada em uma de duas categorias. Se a atividade for orientada pela iluminação da alma, é chamada de *magia branca*; se o seu propósito for satisfazer uma ambição egocêntrica, porém, é chamada de *magia negra*. Construir uma organização física de acordo com um padrão mental é uma atividade de magia porque cria um aspecto externo desse padrão. Conforme discutimos anteriormente, as pessoas do primeiro raio têm a peculiar missão de destruir organizações obsoletas. Em contraste, através da utilização das suas qualidades características, as pessoas do sétimo raio podem aplicar os princípios da magia branca e construir novas organizações no plano físico.

---

37. A. A. Bailey, *Initiation, Human and Solar* (1922; reimpressão, Nova York: Lucis Publishing Company, 1974), p. 213.
38. Bailey, *Esoteric Healing*, p. 712.

1. *Capacidade de Criar*: Para criar uma organização eficiente, a pessoa precisa construir a forma externa, de modo que ela seja a representação material de um plano mental bem formulado. Em outras palavras, ela precisa juntar a energia material com a força mental ("A energia e a força têm de se encontrar"). Após os indivíduos do sétimo raio dominarem o estágio de concentração da raja yoga, eles se tornam capazes de unir a matéria à mente, e dessa forma adquirem o poder de criar organizações eficientes ("e assim o trabalho é feito"). Eles poderiam, por exemplo, ser executivos que reorganizam as instituições políticas, religiosas ou educacionais já existentes, imprimindo-lhes um novo rumo; administradores que eliminam fatores que impedem suas corporações de serem eficientes ou, então, organizadores de novos movimentos que incorporam novos ideais.

2. *Capacidade de Pensar*: O domínio do estágio de meditação da raja yoga capacita o indivíduo a unir um par mais elevado de opostos — a mente e a alma. A abordagem deve ser focalizada no corpo mental e orientada para receber pensamentos abstratos a partir da alma. Então, usando a capacidade de pensar, a pessoa precisa criar um plano mental ordenado que incorpora os pensamentos abstratos ("A cor e o som, em seqüência ordenada, devem encontrar-se e fundir-se"). Em seguida a pessoa pode prosseguir com o trabalho mágico de manifestar esse plano no plano físico ("e assim o trabalho de magia pode prosseguir").

3. *Capacidade Mental*: O domínio do estágio de contemplação da raja yoga confere ao indivíduo a capacidade mental de unir um par de opostos ainda mais elevado — a alma e a mente de Deus. Apesar de residir nos níveis abstratos do plano mental, a alma é substancial no sentido de que tem uma forma definida que evolui ao longo do tempo, e essa evolução é simbolizada pelo desabrochar das nove pétalas relacionadas na Tabela 6 (página 105). Por outro lado, a mente de Deus é espiritual no sentido de que existe numa dimensão mais elevada ou mais sutil. Assim, a fórmula de Bailey refere-se a esse par mais elevado de opostos como "substância e espírito". Aqui a abordagem consiste em transferir a sede

da consciência do indivíduo para a alma. Para que o indivíduo possa ser um intérprete consciente do plano divino, duas evocações devem então ocorrer: a alma deve evocar da mente de Deus uma compreensão intuitiva do aspecto imediato do plano divino e do próprio papel do indivíduo nesse processo evolutivo; e a mente de Deus deve evocar da alma uma apreciação e devoção pelo plano divino ("A substância e o espírito devem evocar um ao outro"). Essas respostas evocadas passam pela mente, onde são transformadas num novo e melhor plano mental ("e passando através do centro daquele que procura ajudar, produzir o novo e o bom").

4. *Capacidade de Vivificar*: Conforme indicam as três qualidades anteriores, os organizadores avançados podem unir três diferentes pares de opostos: matéria e mente, mente e alma, e alma e mente de Deus. Desse modo, fazendo com que todos esses três pares se relacionem uns com os outros, eles podem realizar a magia branca e manifestar ideais que incorporem sua parcela do plano divino tão grande quanto a humanidade atualmente pode dar forma na Terra. Conseqüentemente, eles têm o poder de vivificar uma organização, comunidade ou nação agonizantes que tenham adotado atitudes cristalizadas, sectárias ou materialistas ("Com a vida, portanto, o terapeuta energiza a vida enfraquecida"). Ao trazerem novos ideais, eles desbancam métodos obsoletos ou aumentam a potência ou a eficácia daqueles métodos que ainda não cumpriram o seu verdadeiro destino ("impelindo-a para a frente ou ancorando-a ainda mais profundamente no lugar de destino").

5. *Capacidade de Cooperar*: Os organizadores do sétimo raio têm a capacidade de escolher cuidadosamente os seus colaboradores e de cooperar com eles. Para que uma organização seja bem-sucedida, ela deve incluir representantes de todos os sete raios e esses sete tipos devem ter autonomia suficiente para reunir as energias que a necessidade requeira ("Todos os sete devem ser usados e através dos sete devem passar as energias necessárias"). Os trabalhadores do primeiro raio, por exemplo, podem produzir um poderoso impacto sobre as mentes ao salientarem importantes princípios diretores. Os trabalhadores do segundo raio

podem reunir estudantes e ensinar-lhes novas idéias. Os do terceiro raio podem estimular o intelecto da humanidade escrevendo livros e artigos. Os do quarto raio podem promover a harmonia entre novas e antigas idéias, para que não haja uma ruptura perigosa. Os trabalhadores do quinto raio podem trabalhar com hipóteses, provando sua verdade ou falsidade. Os do sexto raio podem ensinar as pessoas a reconhecerem a verdade e a desejarem aqueles ideais que estiverem maduros para se manifestarem aqui na Terra. Entrementes, os organizadores do sétimo raio colaboram sintetizando as atividades de seus colaboradores. Eles certificam-se de que o esforço unificado incorpora a porção do plano divino que lhes diz respeito e convida a humanidade a participar.[39]

6. *Revelação da Beleza de Deus*: Aplicando as qualidades anteriores, um organizador do sétimo raio constrói um movimento físico, sociedade ou associação que proporciona uma revelação do plano de Deus. A humanidade, depois de receber essa revelação, irá manifestar intensamente a sua natureza espiritual, que sempre existiu e sempre vai existir, em qualquer um dos diversos campos de trabalho ("criando o novo homem que sempre existiu e sempre existirá, tanto aqui como lá"). No campo religioso, por exemplo, as pessoas vão compreender o significado interno da própria fé e a unidade essencial de todas as fés. No campo político, elas vão desenvolver uma consciência internacional e estabelecer gradualmente uma fraternidade de nações baseada na necessidade, na compreensão e na prestimosidade mútuas. E no campo científico elas vão desabrochar os seus poderes latentes e aprender mais a respeito das maravilhas ocultas do universo.[40]

---

39. Bailey, *Esoteric Psychology*, vol. 2, pp. 140-145

40. Bailey, *The Externalisation of the Hierarchy*, p. 670; Bailey, *Esoteric Psychology*, vol. 1, pp. 172-179.

Capítulo 4

MÉTODOS DE CURA ESOTÉRICA

Primeiro mantenha a paz dentro de si mesmo e depois você também poderá levar a paz aos outros.

Thomas à Kempis

A palavra *esotérico* tem diversos significados. Primeiro, ela se refere ao que está no interior e não pode ser prontamente percebido. No caso de um método esotérico de cura, as energias curativas são demasiado sutis para serem vistas ou ouvidas pelas faculdades humanas normais. Segundo, esotérico diz respeito ao que é destinado ou compreendido apenas por um grupo secreto de discípulos e iniciados. Os métodos de cura esotérica apresentados neste capítulo também compartilham essa característica. Para que uma pessoa possa executar algum dos métodos é preciso que ela tenha alcançado um certo grau de autodisciplina e iluminação. Segundo Bailey, "mesmo que as técnicas ou os sete modos de cura — relacionados, tais como são, com as energias dos sete raios — fossem exatamente comunicados a você, seria de fato raro encontrar um terapeuta que tivesse a competência de usá-los nesta época nas questões mundiais".[1]

O conceito teosófico de iniciação foi introduzido no Capítulo 1, e é uma maneira de quantificar o progresso feito por uma pessoa no caminho espiritual. De acordo com a nossa compreensão, os

1. A. A. Bailey, *Esoteric Healing* (1953; reimpressão; Nova York: Lucis Publishing Company, 1978), p. 693.

métodos esotéricos apresentados para o primeiro, segundo, quinto e sétimo raios partem do pressuposto de que o terapeuta alcançou a terceira iniciação, coisa que está bem além das conquistas atuais da grande maioria das pessoas. Embora atualmente talvez não possamos aplicar esses métodos, mesmo assim podemos nos beneficiar considerando as suas teorias e indicações acerca de possibilidades futuras. Por outro lado, os métodos apresentados para o terceiro, o quarto e o sexto raios requerem conquistas menores e provavelmente estão ao alcance de muitos dos leitores deste livro.

Os métodos de cura esotérica descritos neste capítulo podem ser divididos em duas categorias básicas: cura irradiante e cura prânica. O propósito da *cura irradiante* é o de transmitir diversas qualidades espirituais a um paciente, incluindo propósito espiritual, compaixão, lucidez mental e paz interior. Por outro lado, a *cura prânica* tem por objetivo transmitir um tipo de energia chamado prana, magnetismo ou vitalidade, que substitui ou reforça a energia vital de um paciente e traz a cura física. Como iremos mostrar, as fórmulas simbólicas para o primeiro, terceiro, quarto e sexto raios descrevem técnicas de cura irradiante, e as fórmulas simbólicas para o segundo, quinto e sétimo raios descrevem técnicas de cura prânica.

Os três primeiros raios são os raios principais e os quatro últimos são os raios secundários. Conforme é ilustrado pela figura 1 (página 11), a mônada tem três qualidades que correspondem aos três principais raios. Quando uma qualidade monádica é expressa através da alma, as sete qualidades da alma (descritas no Capítulo 2) transformam-se nos sete sub-raios da qualidade monádica. No método de cura esotérica apresentado para cada um dos raios principais, o terapeuta deve primeiro tornar-se centralizado na alma, e então evocar a qualidade monádica correspondente. No método apresentado para cada raio secundário, o terapeuta deve exibir o sub-raio correspondente de uma qualidade monádica.

> Que a força dinâmica que rege o coração de todos em Shamballa venha em meu auxílio, pois sou digno dessa ajuda. Que ela desça para o terceiro, passe ao quinto e concentre-se no sétimo. Estas palavras não significam o que parecem significar. O terceiro, o quinto e o sétimo estão dentro do primeiro e provêm do Sol Central do vigor espiritual. O mais elevado, então, desperta dentro daquele que sabe e dentro daquele que precisa ser curado e, assim, os dois se tornam um só. Este é um profundo mistério. A fusão da força curativa produz o efeito desejado; isto pode trazer a morte, essa grande libertação, e assim restabelecer o quinto, o terceiro e o primeiro, mas não o sétimo.[2]

Nosso planeta tem um corpo físico denso e um corpo etérico ou vital. O corpo físico denso planetário é o mundo familiar tangível das percepções sensoriais. O corpo etérico planetário inclui os corpos etéricos de todas as formas que existem como partes integrantes e intrínsecas, e é inteiro, uniforme e contínuo. Mesmo quando os corpos físicos densos de dois seres humanos estiverem separados por muitos quilômetros, os seus corpos etéricos ainda estarão ligados por meio do corpo etérico planetário. A aura consiste em emanações ou em efeitos vibratórios expansivos do corpo etérico humano e pode conduzir energias etéricas, emocionais, mentais e espirituais. O corpo humano etérico é de natureza substancial, enquanto a aura é essencialmente radiação e estende-se em todas as direções a partir do corpo etérico. A aura vibra e se propaga dentro do corpo etérico planetário e isso permite que as energias sutis passem de um corpo humano etérico para outro.[3]

---

2. Bailey, *Esoteric Healing*, pp. 706, 707.
3. A. A. Bailey, *Telepathy and the Etheric Vehicle* (1950; reimpressão; Nova York: Lucis Publishing Company, 1975), pp. 97-99; Bailey, *Esoteric Healing*, p. 645.

Tabela 7. Linhas de Transmissão na Cura Radiante

Radiação da Vontade	Radiação do Amor-Sabedoria	Radiação da Inteligência Ativa
Mônada: vontade	Mônada: amor-sabedoria	Mônada: inteligência ativa
Vontade espiritual	Amor espiritual	Mente espiritual
Pétalas de sacrifício do lótus egóico	Pétalas de amor do lótus egóico	Pétalas de conhecimento do lótus egóico
Corpo etérico em seu aspecto mais elevado	Corpo emocional	Corpo mental ou mente concreta
Chakras da coroa e da testa do terapeuta	Chakras do coração e do plexo solar do terapeuta	Chakra da garganta do terapeuta
Chakra da coroa do paciente	Chakras do coração e do plexo solar do paciente	Chakra da garganta do paciente
Ajuda o paciente a alinhar-se com uma fonte de motivação mais alta do que a personalidade	Ajuda o paciente a experimentar a compaixão e a paz interior	Ajuda o paciente a reforçar e a clarear a mente

Na cura irradiante o terapeuta usa a sua aura para transmitir qualidades espirituais ao paciente. São necessários tanto o alinhamento vertical como o horizontal: alinhamento vertical entre a mônada do terapeuta, a tríade espiritual, a alma e a personalidade; alinhamento horizontal entre as personalidades do terapeuta e do paciente. Conforme mostra a Tabela 7, são possíveis três diferentes linhas de transmissão. Uma corrente de energia pode originar-se a partir de uma das três qualidades da mônada (a natureza espiritual essencial do terapeuta), e então passar através da tríade espiritual (o reflexo dessa natureza no campo da manifestação), através do lótus egóico (onde o terapeuta tem uma compreensão abstrata das qualidades internas), através da personalidade (onde as qualidades internas são expressas), através dos chakras etéricos do terapeuta (que irradia as qualidades por meio da aura), através dos chakras etéricos do paciente (que recebe as emanações) e, por fim, através da personalidade do paciente (que responde às emanações). A fórmula do primeiro raio descreve uma dessas linhas, a saber, aquela que se estende a partir da vontade ou qualidade do primeiro raio da mônada.

De acordo com a filosofia esotérica, Shamballa e a mônada estão estreitamente relacionadas. Conforme discutimos no Capítulo 3, Shamballa é o nome do centro planetário "onde a Vontade de Deus é conhecida". Nos estágios finais da iniciação, a mônada torna-se o elemento que revela a Vontade de Deus, que é o propósito do Logos planetário. O mundo de Shamballa é semelhante ao estado de existência da mônada, porque é um mundo de pura energia, luz e força dirigidas, existindo numa dimensão que está além do mundo manifesto. Assim como um ser humano tem uma personalidade, alma e mônada (ou espírito), pode-se considerar que a vida planetária tem essas mesmas divisões. O quarto reino ou reino humano da natureza é a personalidade planetária, o quinto reino ou reino espiritual da natureza é a alma planetária, e Shamballa é a mônada planetária. Como o papel de Shamballa dentro do macrocosmo planetário é semelhante ao da mônada dentro do microcosmo humano, a palavra

Shamballa é às vezes usada com o significado de mônada. Por exemplo: quando a consciência e a vida da mônada são plenamente expressas através de um ser humano, Bailey observa: "Shamballa se consumou nele." Por essas razões, devemos interpretar a palavra *Shamballa*, que aparece na primeira sentença da fórmula, como uma referência à mônada.[4]

Para compreender o restante da fórmula, talvez seja útil comparar três diferentes níveis da vontade. A vontade da tríade espiritual é chamada de vontade espiritual ou *vontade-voltada-para-o-bem*, e aplica-se às revelações e à percepção espiritual que serve ao plano divino. A vontade da alma é chamada de *boa vontade* e aplica-se à sabedoria e consciência de grupo para servir à humanidade. A transformação de quaisquer dessas vontades em energia etérica às vezes é chamada de *propósito dinâmico*, sendo este a intenção de exibir essa vontade através da atividade dinâmica no mundo físico.

Suponha que você deseje implementar o processo descrito na primeira coluna da Tabela 7 (página 128). O seu primeiro passo é invocar a vontade monádica, a qual rege todos os outros aspectos da mônada ("Que a força dinâmica que rege o coração de todos em Shamballa venha em meu auxílio"). Essa invocação somente vai ser bem-sucedida se você tiver suficiente desenvolvimento espiritual ("pois sou digno dessa ajuda"). Em especial, você precisa fundir a obstinação da personalidade com a vontade altruísta da alma, criando a personalidade impregnada pela alma e, depois, usando-a para invocar a vontade monádica.

Quando a sua invocação for bem-sucedida, a vontade monádica irá descer para o terceiro plano ou plano átmico ("Que ela desça para o terceiro"), onde é experimentada como vontade-

---

4. A. A. Bailey, *Discipleship in the New Age*, vol. 2 (1955; reimpressão; Nova York: Lucis Publishing Company, 1972), pp. 291-293; A. A. Bailey, *The Rays and the Initiations* (1960; reimpressão; Nova York: Lucis Publishing Company, 1976), p. 147.

voltada-para-o-bem. Observe que este método de cura esotérica não requer que você faça contato direto com a vontade monádica; basta fazer contato indireto, experimentando essa qualidade como vontade-voltada-para-o-bem. Depois disso, a vontade-voltada-para-o-bem passa para a alma no quinto plano ou plano mental ("passe ao quinto"), onde é transformada em boa vontade. Em seguida, tanto a vontade-voltada-para-o-bem como a boa vontade concentram-se no corpo etérico, no sétimo plano ou plano mental, onde são transformadas na energia do propósito dinâmico ("e concentre-se no sétimo").

Embora possa parecer que a vontade monádica seja diferente da vontade-voltada-para-o-bem, da boa vontade e do propósito dinâmico, esta diferença é uma ilusão ("Estas palavras não significam o que parecem significar"). A vontade-voltada-para-o-bem, a boa vontade e o propósito dinâmico são reflexos da vontade monádica nos níveis inferiores — o que significa que esses tipos inferiores de vontade estão contidos em estado latente dentro do primeiro tipo e provêm da mônada, que é o centro espiritual essencial da vida humana ("O terceiro, o quinto e o sétimo estão dentro do primeiro e provêm do Sol Central do vigor espiritual").

O chakra da coroa é o chakra mais elevado do corpo etérico. Depois de os alinhamentos anteriores terem sido alcançados, o seu chakra da coroa desperta com o propósito dinâmico ("O mais elevado, então, desperta dentro daquele que sabe"), e o seu próximo passo é usar o seu chakra da testa a fim de irradiar essa energia para o paciente. Em diversas passagens de seus escritos, Bailey indica que você tem de alcançar a terceira iniciação para completar com bom êxito este passo. Talvez a sua afirmação mais clara nesse sentido tenha sido o seguinte trecho, no qual *ajna* é o termo sânscrito para o chakra da testa:

> Nesta terceira iniciação é o centro ajna (o centro entre as sobrancelhas) que é estimulado. Este é um fato de grande interesse, porque é nessa iniciação que o discípulo começa

consciente e criativamente a dirigir as energias que estão sendo colocadas à sua disposição, fazendo-o através do centro ajna e dirigindo essas energias para a humanidade como um todo.[5]

Após o propósito dinâmico irradiar-se a partir do seu chakra da testa, o chakra da coroa do paciente desperta com a energia, desde que o indivíduo tenha a capacidade de responder ("O mais elevado então desperta... dentro daquele que precisa ser curado"). Se houver a capacidade, você e o paciente serão motivados por um incentivo mais elevado que o da personalidade, produzindo um espírito de cooperação e de unidade ("e, assim, os dois tornam-se um só"). Todavia, a capacidade de o paciente registrar a radiação da vontade depende da profundidade do seu desabrochar espiritual ("Este é um profundo mistério"). Nas palavras de Bailey, o paciente deve ser "altamente desenvolvido".[6] Se não houver o necessário desenvolvimento, o paciente não será afetado pela radiação.

O último passo consiste em obter conhecimentos, tanto ocultos como científicos, a respeito da aplicação apropriada desse tipo de cura irradiante aos doentes. Neste ponto torna-se necessária uma compreensão adicional sobre conceitos relativos à constituição interna humana. Uma pessoa tem duas correntes de energia que passam da alma para o corpo físico. A *corrente consciente* capacita a pessoa a ser racional, a ter consciência de si mesma e a controlar os próprios atos. Ela tem a sua sede no chakra da coroa, controla o cérebro e opera através do sistema nervoso. A *corrente da vida* conduz o poder de regeneração e a energia coordenadora para o organismo físico e mantém o corpo sadio. Ela está concentrada no chakra do coração, controla a circulação do sangue e anima todos os átomos do corpo. Essas duas correntes de energia capacitam uma pessoa a ser uma

---

5. Bailey, *The Rays and the Initiations*, p. 689.
6. Bailey, *Esoteric Healing*, p. 551.

entidade viva consciente, dotada da capacidade de operar com inteligência no mundo físico.[7]

Quando a radiação da vontade se funde com o chakra da coroa do paciente, ela pode produzir dois efeitos distintos ("A fusão da força curativa produz o efeito desejado"). Em primeiro lugar, a radiação pode promover a recuperação, estimulando o chakra da coroa. A meta é atrair, se possível, um pleno influxo da corrente de consciência para o chakra da coroa, o que capacitaria a corrente da vida a conduzir um maior poder regenerador ao chakra do coração. Em conseqüência, a própria "energia vital" do paciente iria produzir a desejada cura, basicamente através dos meios naturais e normais de uma vitalidade adequada. Entretanto, o processo de cura pode produzir um temporário agravamento na seriedade dos sintomas — como uma elevação de temperatura —, similar ao que acontece no tratamento homeopático. Você deve estar preparado para essa eventualidade e tomar os passos físicos para compensar quaisquer reações físicas demasiado severas.[8] Bailey descreve o processo anterior da seguinte maneira:

> Aqueles terapeutas que têm a consciência em tríade e podem exercer a potência da vida e da vontade monádica através da Tríade Espiritual sempre serão terapeutas bem-sucedidos; eles não cometerão erros, pois terão uma acurada percepção espiritual; isto lhes dará conhecimento a respeito das possibilidades de cura e, através do uso da vontade, atuarão com segurança e poder sobre o centro da cabeça do paciente. Os seus poderes de cura serão necessariamente limitados àqueles que vivem focalizados na cabeça. Eles irão estimular a alma — ali ancorada —, colocando-a efetivamente em ação, e assim promovendo uma verdadeira autocura.[9]

---

7. A. A. Bailey, *A Treatise on White Magic* (1914; reimpressão; Nova York: Lucis Publishing Company, 1974), pp. 495, 496.

8. Bailey, *Esoteric Healing*, pp. 541, 707.

9. Bailey, *Esoteric Healing*, p. 547.

Por outro lado, a radiação da vontade pode ajudar o paciente no processo de morrer ("isto pode trazer a morte"). A morte exige que as correntes da consciência e da vida sejam libertadas do corpo físico, produzindo a perda completa de consciência e a desintegração do corpo ("essa grande libertação"). Durante o sono, apenas a corrente da consciência é retirada, o que significa que a consciência ou senso de percepção da pessoa está focalizada em outro lugar. Na morte, porém, ambas as correntes são retiradas. Segundo Bailey, a liberação ou abstração dessas correntes de energia ocorre numa das três possíveis aberturas ou "orifícios de saída": a saída do topo da cabeça, que é usada pelas pessoas que são espiritualmente avançadas; a saída que fica logo abaixo do vértice do coração, que é usada pelos aspirantes e pessoas de boa vontade; e a saída da região do plexo solar, que é usada pelas pessoas subdesenvolvidas e emocionalmente polarizadas. Durante o processo de morte, as energias que estão sendo removidas afastam-se das extremidades do corpo físico através da porta de saída adequada e concentram-se na área em torno dessa saída para o "puxão" final da alma diretora.[10]

No Capítulo 2 foram discutidos três métodos que poderiam ajudar uma pessoa agonizante a passar pela transição da morte com plena consciência: o uso de sons, de cores e a homeopatia. Existe ainda um quarto método. A enumeração da última sentença da fórmula refere-se aos chakras principais, sendo o "primeiro" o da coroa e o "sétimo", o básico. A combinação da radiação da vontade com o chakra da coroa poderia ajudar o paciente a concentrar na área em torno desse chakra, durante o processo da morte, as energias que estão se retirando. Se essa focalização ocorrer, as energias que estão se retirando passariam para a espinha, estimulando sucessivamente todos os chakras principais, exceto o mais baixo ("e restabelecer, assim, o quinto, o terceiro e o primeiro, mas não o sétimo"), antes de serem finalmente

---

10. Bailey, *A Treatise on White Magic*, pp. 496-504; Bailey, *Esoteric Healing*, pp. 472-478.

liberadas pela abertura ou saída do topo da cabeça. Em conseqüência disso, o paciente teria sucesso no ato final da vida física, uma iluminação semelhante ao *samadhi* — uma palavra sânscrita que significa "união autoconsciente com o Espírito" — e uma passagem consciente para o estado de pós-morte.[11]

Segundo Raio

> Que a energia curativa desça, carregando suas linhas duais da vida e sua força magnética. Que essa força magnética viva retire e suplemente aquela que está presente no sétimo, opondo o quatro e o seis ao três e ao sete, mas não mexendo com o cinco. O vórtice circular e inclusivo — descendo até o ponto — agita, remove e então fornece, e assim o trabalho é feito.
>
> O coração gira: dois corações giram como um; o doze dentro do veículo, o doze dentro da cabeça e o doze sobre o plano do esforço da alma cooperam como se fossem um só, e assim o trabalho é feito. Duas energias alcançam essa consumação e os três, cujo número é um doze, reagem ao doze maior. A vida é conhecida e os anos prolongados.[12]

Antes de discutir a fórmula do segundo raio, talvez seja útil fornecer algumas informações para que você possa situar-se melhor dentro do contexto. A palavra sânscrita *prana* é derivada de *pra*, que significa "para a frente" e da raiz verbal *an*, que significa "respirar". Assim, *prana* significa "respirar para a frente", e refere-se ao "sopro da vida" ou "força da vida" que vitaliza o corpo etérico e o sistema nervoso. Bailey descreveu o prana como "calor irradiante ativo".[13] Franz Anton Mesmer descobriu

---

11. A. A. Bailey, *Esoteric Psychology*, vol. 2 (1942; reimpressão; Nova York: Lucis Publishing Company, 1981), p. 66.

12. Bailey, *Esoteric Healing*, pp. 707, 708.

13. A. A. Bailey, *A Treatise on Cosmic Fire* (1925; reimpressão; Nova York: Lucis Publishing Company, 1977), p. 102.

essa energia em 1774 e chamou-a de "magnetismo animal".[14] Yogi Ramacharaka deu-lhe a seguinte definição: "Prana é a Força através da qual toda atividade é executada no corpo — através da qual a execução dos movimentos corporais torna-se possível — através da qual todas as operações são executadas — através da qual os sinais da vida se manifestam."[15]

O prana não é de natureza mental nem emocional, mas sim a substância de que é feito o corpo etérico planetário. Geralmente considera-se que o prana existe na atmosfera e penetra o corpo etérico humano através do chakra do baço, que é o equivalente etérico do órgão físico denso. Como o chakra do baço é um chakra secundário, a Tabela 1 (página 25) não o relaciona como um dos sete chakras principais. Após passar pelo chakra do baço, o prana circula pelo corpo etérico humano e uma parte dele é assimilada por cada um dos chakras principais. Charles W. Leadbeater publicou uma descrição detalhada deste processo de absorção e assimilação do prana, e deixou claro que a sua descrição foi baseada nas próprias observações clarividentes.[16]

Segundo Bailey, o prana varia em vibração e qualidade, dependendo do chakra receptor. Conforme foi discutido no Capítulo 2, cada chakra tem uma taxa de vibração que pode ou não ser a mesma que a sua freqüência natural. Depois de ser assimilado por algum chakra, o prana adota a freqüência vibratória desse chakra. Como existem sete chakras principais, existem sete formas principais de energia prânica no corpo etérico — cada forma com a freqüência vibratória de um chakra principal. Além disso, o prana de um chakra adquire as qualidades das diversas

---

14. H. F. Ellenberger, *The Discovery of the Unconscious* (Nova York: Basic Books, 1970), p. 59.

15. Yogi Ramacharaka, *The Science of Psychic Healing* (1909; reimpressão; Chicago: Yogi Publication Society, 1937), p. 37.

16. Bailey, *A Treatise on White Magic*, pp. 285, 433; C.W. Leadbeater, *The chakras* (1927; reimpressão; Wheaton, IL: Theosophical Publishing House, 1977), pp. 53-70. [*Os Chakras*, Editora Pensamento, São Paulo, 1984.]

forças que ali estão atuando. Como os chakras são pontos de concentração para todas as forças interiores, o prana assimilado poderia ser afetado ou condicionado por forças provenientes do corpo emocional, do corpo mental ou da alma.[17]

Embora não possamos ver o prana na atmosfera com as faculdades normais, podemos sentir a presença do prana dentro de nós como um sentimento de vitalidade e vivacidade. O prana é a energia transmitida naquilo que às vezes é chamado de "imposição de mãos", e um beneficiário freqüentemente pode sentir o impacto da energia transmitida na forma de um formigamento ou de uma sutil pressão na pele. Em experimentos de laboratório, os cientistas têm demonstrado que a transmissão dessa energia produz efeitos mensuráveis em camundongos, plantas,[18] crescimento enzimático,[19] e na água.[20]

Esta seção descreve um método de cura prânica que se baseia no conhecimento dos chakras. A abordagem consiste em identificar no corpo etérico do paciente um chakra que precise de tratamento, e então enviar uma corrente de prana para esse chakra. Conforme é indicado pela discussão precedente, a freqüência e a qualidade do prana transmitido dependem do chakra do qual ele provém. Como o chakra do paciente pode ser receptivo apenas ao prana que vem do chakra correspondente no corpo etérico do terapeuta, este deve esforçar-se para enviar o prana a partir daí. Bailey também faz uma última observação: "O terapeuta deveria ter em mente o conceito... de que deve ser formado um canal desimpedi-

---

17. Bailey, *A Treatise on Cosmic Fire*, pp. 99, 102; Bailey, *Esoteric Healing*, pp. 275, 627.

18. B. Grad, "Laboratory Evidence of the 'Laying-on-of-Hands'" em *The Dimensions of Healing: A Symposium* (Los Altos, CA: Academy of Parapsychology and Medicine, 1972), pp. 29-34.

19. Irmã M. J. Smith, "The Influence of Enzyme Growth by the 'Laying-on-of-Hands'", *The Dimensions of Healing: A Symposium*, pp. 110-120.

20. R. N. Miller, "Methods of Detecting and Measuring Healing Energies" em *Future Science*, orgs., J. White e S. Krippner (Garden City, NY: Anchor-Doubleday, 1977), pp. 431-444.

do ou uma via de comunicação ao longo da qual a vida que cura possa fluir desde o 'centro necessário', no corpo etérico do terapeuta, para o centro correspondente no corpo do paciente."[21]

É importante lembrar que o corpo etérico é parte do reino físico. Assim como a mente consciente pode dirigir os movimentos do corpo físico denso, a mente também pode dirigir os deslocamentos de energia do corpo físico etérico. Como Bailey repetidamente enfatiza, "a energia segue o pensamento".[22] Assim, um terapeuta pode enviar correntes de prana para o paciente usando simplesmente o pensamento dirigido e o poder de visualização. Todavia, conforme discutiremos posteriormente nesta seção, o movimento do prana é fisicamente limitado pelos papéis dos chakras e pelo seu desenvolvimento.

A fórmula do segundo raio descreve um método de cura no qual o prana transmitido tem a qualidade do segundo raio, a saber, o amor-sabedoria da mônada. Como mostra a Tabela 7 (página 128), o amor-sabedoria pode alcançar os chakras do coração e do plexo solar, os quais, então, podem afetar os chakras sacral e básico. Assim, este método de cura prânica é apropriado para o tratamento do chakra do coração ou de qualquer chakra inferior do paciente. A quinta e a sexta seções deste capítulo descrevem métodos de cura prânica que são apropriados para o tratamento de outros chakras principais.

Consideremos agora a primeira sentença do primeiro parágrafo. Dirija mentalmente a energia curativa descendente do seu corpo etérico para o da pessoa que recebe a cura ("Que a energia curativa desça"). Esta energia inclui duas correntes distintas de energia que estão estreitamente relacionadas ("carregando suas linhas duais da vida"): a corrente da vida e o prana. A corrente da vida emana da mônada, passa pela alma e é ancorada no chakra do coração. O prana é absorvido da atmosfera por meio

---

21. Bailey, *Esoteric Healing*, pp. 626, 627.
22. Bailey, *Esoteric Healing*, p. 575.

do chakra do baço, e depois circula pelo corpo etérico. A corrente da vida mantém o corpo físico coerente e controla a circulação do prana no corpo etérico e a circulação do sangue no corpo físico denso. Por outro lado, o prana vitaliza os átomos e células do indivíduo. Além da corrente da vida e do prana, a energia curativa conduz a qualidade amor-sabedoria do segundo raio ("e a sua força magnética").[23]

A segunda sentença fornece uma indicação a respeito de uma das principais causas da doença, e a sua enumeração refere-se aos sete planos representados na Figura 1 (página 11). A ânsia do indivíduo por expressar a sua natureza superior pode encontrar resistência por parte de sua natureza inferior. Essa resistência pode estar localizada em alguma parte do corpo físico e produzir um ponto de fricção. Se a personalidade se concentrar no ponto de fricção e se ressentir dessa percepção de inadequação, esse ponto pode se inflamar e acabar se transformando numa doença. A consciência de grupo, por exemplo, provém do quarto plano (ou plano búdico) e pode encontrar resistência por parte dos sentimentos egocêntricos do sexto plano (ou plano emocional). A consciência de grupo é recebida por meio do chakra do coração e a fricção ocorre quando o chakra do plexo solar deixa de expressar os sentimentos correspondentes. As motivações altruísticas emanam do terceiro plano (ou plano átmico) e podem enfrentar a resistência oposta pelo comportamento compulsivo e egocêntrico do sétimo plano (ou plano físico). As motivações altruístas são experimentadas através do chakra da coroa, e a fricção ocorre quando algum dos chakras inferiores deixa de obedecer e reage compulsivamente às condições externas. Um princípio abstrato ou espiritual provém do quinto plano (ou plano mental) e pode enfrentar resistência por parte das crenças limitantes que também estão no quinto plano. Um princípio é percebido através do chakra da testa e a fricção ocorre quando o chakra da garganta deixa de expressar pensamentos e discursos que incorporam esse princípio.

---

23. Bailey, *Esoteric Healing*, pp. 428, 429.

Assim, deste ponto de vista, os três aspectos da natureza superior de um indivíduo podem produzir doença no corpo físico.[24]

Qualquer método de cura prânica trata apenas os efeitos etéricos e não os conflitos subjacentes. Assim, ele pode vencer a doença mas não produz uma cura permanente. O tipo de energia curativa considerado nesta seção pode eliminar e substituir os efeitos etéricos ("Que essa força magnética viva retire e suplemente aquela que está presente no sétimo") de dois conflitos interiores: consciência de grupo contra sentimentos egocêntricos ("opondo o quatro e o seis") ou motivações altruístas contra um comportamento compulsivo ("e o três e o sete"), mas não os princípios abstratos opondo-se às crenças limitantes ("mas não mexendo com o cinco"). Os efeitos etéricos do último conflito podem ser amenizados pela utilização dos métodos descritos na quinta e na sétima seções deste capítulo.[25]

Usando o poder do pensamento, crie um ponto focal de atenção concentrada que se torna o agente diretor para a força curativa ou prana ("O vórtice circular e inclusivo"). Depois de absorver da atmosfera a maior quantidade de prana possível, dirija-o mentalmente para e através do chakra apropriado do paciente ("descendo até o ponto"). Cada mão contém um chakra — um dos 21 chakras secundários do corpo etérico — e você pode usar os seus chakras da mão para ajudar a concentrar o prana diretamente sobre o chakra do paciente. Depois de alcançar esse chakra, a energia curativa agita, remove e depois substitui a energia vital enferma do paciente ("agita, remove e então fornece"). Assim, a cura prânica poderia ser considerada um sistema de *jorro* com um efeito purificatório e estimulante ("e assim o trabalho é feito").[26]

Consideremos o significado desses símbolos antes de interpretar o segundo parágrafo. Conforme foi discutido na segunda seção do Capítulo 2, a palavra *coração* pode referir-se ao chakra

---

24. Bailey, *Esoteric Healing*, pp. 564-569.
25. Bailey, *Esoteric Healing*, p. 329.
26. Bailey, *Esoteric Healing*, p. 287.

do coração ou à alma. A Tabela 1 (página 25) relaciona o número de pétalas para cada chakra etérico e mostra que esse número é um múltiplo de doze para os chakras da coroa, da testa ou do coração. O número de pétalas para a alma (ou lótus egóico) também é doze. Assim, a palavra *doze* pode referir-se ao chakra da coroa, ao da testa, ao do coração ou à alma.

O segundo parágrafo descreve como você pode produzir a energia curativa. Como um primeiro passo, ligue-se consciente e definitivamente à sua alma; isto o capacita a ser o agente controlador e diretor do processo que segue ("O coração gira"). Com este alinhamento, você pode receber a sabedoria da alma e também a orientação do seu espírito-guia ou Mestre sobre os planos interiores. Essa orientação é realizada intuitivamente através da alma (um processo descrito no Capítulo 2).

No segundo passo, leve o amor-sabedoria da mônada para baixo, através de sua alma e chakra do coração, o que capacita esses dois centros a estarem relacionados e sincronizados ("dois corações giram como um"). Este passo equivale a sentir compaixão e é descrito com maiores detalhes na seção deste capítulo dedicada ao quarto raio.

No terceiro passo, faça o amor-sabedoria descer para o seu chakra do plexo solar. Segundo Bailey, "o centro do plexo solar é despertado pelo influxo de energia de natureza dual — as energias do coração e da cabeça operando sincronicamente".[27] Assim, o esforço aqui é no sentido de criar e manter um triângulo de força entre os três centros seguintes: o seu chakra do coração ("o doze dentro do veículo"), que concentra a energia do amor-sabedoria; o seu chakra da coroa ou da cabeça ("o doze dentro da cabeça"), que concentra a energia da vontade e tem o poder de dirigir as atividades dos chakras inferiores; e a sua alma ("e o doze sobre o plano do esforço da alma"), que conduz a energia da vontade para o chakra da coroa e a energia do amor-sabedoria para o chakra do coração. A cooperação desses centros capacita o plexo

---

27. Bailey, *Discipleship in the New Age*, vol. 2, p. 122.

solar a despertar com o amor-sabedoria ("cooperam como se fossem um só, e assim o trabalho é feito"). Este passo equivale a cultivar o sentimento de estima, e é descrito com mais detalhes na seção que trata do sexto raio, neste capítulo.[28]

As forças dos três chakras inferiores controlam a personalidade. O chakra do plexo solar é o ponto focal para sentimentos e desejos. O chakra do sacro rege a vida sexual e os órgãos reprodutivos. O chakra de base alimenta o instinto fundamental de autopreservação de todas as partes do corpo físico. Esses três centros formam um triângulo de energias inter-relacionadas. Devido a esse inter-relacionamento, o despertar do chakra do plexo solar afeta os dois outros chakras. Assim, os três primeiros passos capacitam o amor-sabedoria a transmitir a sua qualidade ao prana nos chakras do coração, do plexo solar, sacral e básico.[29]

Para o quarto passo, controle conscientemente a atividade do "centro necessário" e reúna o seu prana no interior do chakra da testa. Aqui, o centro necessário é o chakra do seu corpo etérico que corresponde ao chakra que você deseja tratar no paciente. Para executar este passo é necessário criar outro triângulo de força entre os seguintes centros: o chakra da coroa, onde a corrente de consciência é sediada; o chakra do coração, onde fica sediada a corrente da vida; e o chakra da testa (ou ajna), o guardião temporário da energia prânica. A corrente da consciência pode dirigir a corrente da vida, a qual, por sua vez, controla a circulação do prana.

Mantenha-se alinhado com a alma, receba da alma a energia da vontade, conserve a sua consciência firme no chakra da coroa, e volte o seu "olho de direção" para o centro necessário. A corrente de consciência inclui os poderes do pensamento, da imaginação e da vontade. Usando os poderes dessa corrente, canalize a energia da vontade para dentro do centro necessário

---

28. Bailey, *Esoteric Healing*, pp. 696-698.

29. A. A. Bailey, *Initiation Human and Solar* (1922; reimpressão; Nova York: Lucis Publishing Company, 1974), p. 204; Bailey, *Esoteric Healing*, pp. 169-189.

e coloque esse chakra sob um controle rítmico. A meta aqui é certificar-se de que o chakra está vibrando em sua freqüência natural e normal. Esta fase da técnica é idêntica à última parte das instruções a respeito do método do sétimo raio, apresentado no Capítulo 2. Em seguida, usando os poderes da corrente de consciência, dirija a corrente da vida de modo que ela conduza o prana do centro necessário para o chakra da testa. Assim, as duas correntes, operando juntas, completam a preparação da energia curativa ("Duas energias alcançam essa consumação"), e o segundo triângulo da força reage à orientação e à direção da alma ("e os três, cujo número é um doze, reagem ao doze maior").

O primeiro e o quarto passos são gerais e também se aplicam aos métodos de cura prânica discutidos posteriormente neste capítulo. O segundo e o terceiro passos são mais específicos e partem do pressuposto de que o centro necessário é um dos quatro chakras inferiores. O triângulo primário definido no terceiro passo afeta o terapeuta e capacita o prana no centro necessário a ter a qualidade do amor-sabedoria. O triângulo secundário definido no quarto passo produz o efeito sobre o paciente e é aquele através do qual o terapeuta atua no plano físico. Como a energia da vontade é o primeiro sub-raio do raio da alma, a porção inicial do quarto passo relaciona o raio da alma com o centro necessário. Bailey descreve todo o quarto passo da seguinte maneira:

> O terapeuta, tendo se alinhado com a alma e "entrado em contato" com a energia da alma (tornando-se, assim, um condutor para a força espiritual), dirige essa energia para dentro de um dos próprios centros que corresponde ao centro que condiciona a área do ponto de fricção... Esta radiação [passa] por dois estágios: 1) o estágio em que a alma irradia energia para o chakra da cabeça; 2) o estágio em que o terapeuta dirige um raio dessa energia desde o centro da cabeça até o "centro necessário".[30]

---

30. Bailey, *Esoteric Healing*, pp. 602-604.

Em seguida, ele vai criar o triângulo secundário focalizando a atenção no centro de receptividade, o centro da cabeça. Ele então vai ligar esse centro da cabeça, através do poder da imaginação criativa, com o centro localizado entre as sobrancelhas, e vai manter a energia aí porque esse é o agente direcionador. Ele vai esforçar-se por reunir dentro desse centro-ajna a energia que está relacionada com o seu raio da alma.[31]

Para o quinto e último passo, envie a energia prânica do seu chakra da testa, através dos seus chakras da mão, para o chakra apropriado do paciente. Com isso, o paciente experimenta uma maior vitalidade e um prolongado período de saúde física ("A vida é conhecida e os anos prolongados"). Bailey dá-nos esta descrição:

> Quando o karma ou modo de vida do paciente permite, esses raios de energia (que emanam de um campo magnético situado na cabeça do terapeuta) transformam-se no que é chamado de "radiação disseminada"; eles podem repelir as forças que criam ou agravam uma doença.[32]
>
> Usando o centro-ajna como um centro distribuidor, o terapeuta então usa as mãos como o agente através do qual a energia dirigida pode alcançar a área do corpo do paciente onde pode ser encontrada a origem do problema... As mãos são colocadas sobre o centro da espinha ou da cabeça que possa reger essa área — a mão direita sobre o centro espinal e a mão esquerda sobre a parte do corpo imediatamente à frente da área especial e sobre a parte do abdômen, peito ou cabeça, onde o paciente se queixa de dor ou desconforto.[33]

---

31. Bailey, *Esoteric Healing*, p. 698.
32. Bailey, *Esoteric Healing*, pp. 580, 581.
33. Bailey, *Esoteric Healing*, pp. 648, 649.

Somente um terapeuta avançado poderia aplicar o método anterior, porque a terceira iniciação é um pré-requisito para o uso do chakra da testa para dirigir e distribuir prana, pelo menos de acordo com o nosso entendimento.[34] Douglas Baker parece confirmar esse ponto de vista: "Somente quando o iniciado recebe o seu Terceiro Grau é que essa força planetária pode ser contatada conscientemente e utilizada com um efeito conhecido."[35]

Não obstante, um terapeuta mediano tem a capacidade de realizar a cura prânica. A razão é que o prana pode ser distribuído por dois outros chakras: o chakra do baço e o chakra do plexo solar, os quais estão plenamente desenvolvidos numa pessoa média. O prana distribuído pelo chakra do baço, porém, origina-se apenas desse chakra, de modo que apresenta a freqüência vibratória e a qualidade do chakra do baço. Assim, um terapeuta mediano consegue tratar apenas doenças que respondam a esses dois tipos de prana, basicamente doenças que ocorrem abaixo do diafragma. Ao trabalhar com o chakra da testa, no entanto, um terapeuta avançado pode extrair prana de qualquer chakra principal, e então direcionar essa energia, através do chakra da testa, para o centro correspondente na pessoa que recebe a cura.[36]

Terceiro Raio

O terapeuta fica de pé e se organiza. Ele reúne a partir do três, do cinco e do sete aquilo que é necessário para o

---

34. Bailey não afirma em parte alguma que a terceira iniciação seja um pré-requisito para o uso do chakra da testa com o propósito de distribuir prana. Todavia, ela parece deixar esse pré-requisito implícito em diversas passagens: *Esoteric Healing*, pp. 580, 581; *A Treatise on Cosmic Fire*, p. 859; *A Treatise on White Magic*, p. 290; e *Discipleship in the New Age*, vol. 1 (1944; reimpressão; Nova York: Lucis Publishing Company, 1976), p. 28.

35. Douglas Baker, *Esoteric Healing*, parte I (High Road, Essendon, Herts., Inglaterra: Dr. Douglas Baker, 1975), p. 202.

36. Z. F. Lansdowne, *The Chakras and Esoteric Healing* (York Beach, ME: Samuel Weiser, 1986), pp. 60-62; Bailey, *Esoteric Healing*, pp. 578-580.

coração da vida. Ele junta as energias e faz com que elas sirvam ao terceiro; assim, ele cria o vórtice dentro do qual o indivíduo necessitado de ajuda precisa descer, e com ele vai o terapeuta. E, não obstante, ambos permanecem calmos e em paz. Portanto, o anjo do Senhor precisa descer ao fundo comum para levar a vida curativa.[37]

A fórmula do terceiro raio descreve como a inteligência ativa da mônada pode ser irradiada como parte da aura. A abordagem básica consiste em executar os estágios da raja yoga apresentados no Capítulo 3, na seção dedicada ao quinto raio. A terceira coluna da Tabela 7 (página 128) descreve a linha de transmissão para esse processo, mostrando tanto os relacionamentos verticais como os horizontais.

Consideremos a primeira sentença da fórmula acima. Progredindo através dos estágios de concentração, meditação e de contemplação da raja yoga, você pode elevar temporariamente o centro da sua consciência para o próximo aspecto superior do seu eu interior, isto é, aquele aspecto que está logo acima da sua consciência normal ("O terapeuta fica de pé"). Esse próximo aspecto superior poderia ser a alma, a tríade espiritual ou mesmo a mônada. Independentemente de onde o seu centro normalmente se encontre, algum aspecto sempre está mais elevado e chamando por você. Elevando o ponto focal da sua consciência, você recebe novas idéias e tem novas perspectivas ("e organiza"). Bailey diz: "Como ser humano, discípulo e iniciado, o homem segue em frente na corrente da vida, a revelação vem passo a passo, saindo de um grande ponto para concentrar-se em outro."[38]

Em seguida, você penetra um estágio de iluminação e reúne alguns ou todos os seguintes elementos: revelações da inteligência ativa da mônada, a qualidade do terceiro raio ("Ele reúne a partir do três"); percepções da mente espiritual, sabedoria espi-

---

37. Bailey, *Esoteric Healing*, p. 708.
38. Bailey, *Discipleship in the New Age*, vol. 2, p. 293.

ritual e pensamentos concretos do corpo mental, todos no quinto plano ou plano mental ("o cinco"); e fatos e símbolos do cérebro, no sétimo plano ou plano mental ("o sete"). Use quaisquer elementos que sejam necessários para converter suas novas idéias numa compreensão mais profunda a respeito do significado e do propósito da vida ("aquilo que é necessário para o coração da vida"). Por exemplo: compare suas idéias com outras alternativas, relacione os fatos do mundo material com as suas idéias ou aprenda como as suas idéias podem ser aplicadas na prática.

Se tiver alcançado a terceira iniciação, você então poderá fazer um contato direto com a inteligência ativa da mônada e receber revelações a partir dela. Bailey chama a atenção para a dificuldade de descrever o que essas revelações contêm:

> Quando chegamos, portanto, ao grande órgão da revelação universal — o princípio monádico — funcionando por meio de uma luz extraplanetária, penetramos reinos que são indefiníveis, para os quais nenhuma terminologia foi criada e que somente os iniciados acima do terceiro grau têm a capacidade de considerar.[39]

Se você não tiver alcançado a terceira iniciação, ainda é possível fazer contato indireto com a inteligência ativa, recebendo revelações da mente espiritual. Em qualquer caso, use as revelações ou percepções para orientar a sabedoria da alma, a qual, então, poderá ser usada para orientar os pensamentos da mente que, por sua vez, controla a atividade do cérebro ("e junta as energias").

Ao promover a integração dos elementos anteriores, você também traz a inteligência ativa da mônada para o plano físico, onde ela influencia a atividade do seu chakra da garganta, o terceiro chakra relacionado na Tabela 1 (página 25, "e faz com que elas sirvam ao terceiro"). Em conseqüência, o seu chakra da garganta irradia uma aura de força e clareza mental, dentro da qual

---

39. Bailey, *Discipleship in the New Age*, vol. 2, p. 294.

o paciente deve entrar quando estiver em sua presença ("assim, ele cria o vórtice dentro do qual o indivíduo necessitado de ajuda precisa descer, e com ele vai o terapeuta"). Se o paciente for uma pessoa mediana ou comum e estiver adequadamente receptivo, então o chakra dele irá responder às emanações mentais da sua aura.[40]

Você ganha força e clareza mental entrando no estágio de iluminação da raja yoga e aumentando o seu entendimento a respeito da vida. Como o paciente adquire as mesmas qualidades através do contato com a sua aura, tanto a sua mente quanto a do paciente tornam-se calmas e tranqüilas ("E, não obstante, ambos permanecem calmos e em paz"). Se a atitude mental for suficientemente fortalecida, ela então vai controlar as reações emocionais. Neste caso, a paz e a calma da mente do paciente vão descer para o seu corpo emocional, trazendo impassibilidade e sossego à natureza emocional ("Portanto, o anjo do Senhor precisa descer ao fundo comum para levar a vida curativa").

Os quatro métodos de cura irradiante discutidos neste capítulo diferem em diversos aspectos: a qualidade da radiação, os chakras usados para transmissão e recepção, o desenvolvimento requerido do terapeuta e do paciente, e os efeitos sobre o paciente. Embora cada método seja apresentado separadamente, um terapeuta avançado pode executar todos os quatro métodos ao mesmo tempo. Através de qualquer um desses métodos — ou de todos eles —, um terapeuta consegue erguer e fortalecer pessoas sem precisar falar. Meher Baba descreve essa circunstância da seguinte maneira:

> Os antigos rishis adquiriram grande importância por terem o *darshana* de santos e mestres, pois estes são a fonte do constante fluxo de amor e luz que emana deles e exerce uma irresistível atração sobre os sentimentos interiores do aspi-

40. Bailey, *Esoteric Healing*, pp. 551, 656.

rante, mesmo quando este não recebe deles nenhuma instrução verbal. O efeito do *darshana* depende da receptividade e responsividade do aspirante.[41]

Na passagem acima, a palavra sânscrita *rishis* significa "sábios" e a palavra *darshana* pode ser traduzida como "visão sagrada".

Quarto Raio

O terapeuta sabe onde a dissonância é encontrada. Ele também conhece o poder do som e o som que deve ser ouvido. Conhecendo a nota à qual o quarto grande grupo reage e ligando-a ao grande Nove Criativo, ele faz soar a nota que traz libertação, a nota que vai trazer absorção para a unidade. Ele educa o ouvido daquele que precisa ser curado e também treina o ouvido daquele que tem de seguir em frente. Ele conhece a natureza do som que traz o toque curativo; e também daquele que diz: Afaste-se. E assim o trabalho é feito.[42]

A fórmula do quarto raio descreve um outro tipo de cura irradiante. Aqui, o amor-sabedoria da mônada desce para o chakra do coração e, a partir daí, irradia-se para o exterior. A segunda coluna da Tabela 7 (página 128) apresenta um resumo desse processo.

A primeira parte da fórmula indica o conhecimento necessário para executar este método de cura. Primeiro, saber que os conflitos entre os seres humanos ocorrem apenas no nível da personalidade e não nos níveis superiores da constituição humana ("O terapeuta sabe onde a dissonância é encontrada"). Conforme

---

41. M. Baba, *Discourses*, vol. 2 (São Francisco: Sufism Reoriented, 1967), p. 93.

42. Bailey, *Esoteric Healing*, p. 709.

mostra a Figura 1 (página 11), os níveis superiores incluem a mônada, a tríade espiritual e a alma.

Segundo, saber que o amor-sabedoria da mônada tem o poder de curar qualquer conflito que possa surgir ("Ele também conhece o poder do som") e que ele é a origem de todos os tipos de amor que ocorrem na constituição humana. Todavia, essa qualidade só pode resolver conflitos quando é trazida para baixo, para dentro da personalidade, vinda dos níveis superiores.

Terceiro, para trazer o amor-sabedoria para baixo, você precisa sentir intuitivamente a presença de Deus em todas as partes do universo e em todas as formas corporais ("e o som que deve ser ouvido"). Em outras palavras, você tem de "isolar o germe ou semente de divindade que trouxe vida a todas as formas".[43] Não é a visão da alma que deve ser sentida, mas o que a luz da alma pode ajudar a revelar. A abordagem necessária implica você se libertar de todos os vínculos emocionais e mentais, aprender a seguir a vontade da alma e, então, aprender a operar como a alma. Após você ter alcançado a união com a alma, ainda que temporariamente, a luz da alma poderá convergir para um foco e, intuitivamente, revelar a visão da presença.

Você poderia, por exemplo, ter a seguinte série de percepções intuitivas. A sua verdadeira identidade é consciência, percepção ou realidade espiritual. Como essa identidade situa-se além de todas as auto-imagens mentais de orgulho e culpa pessoal, você não cria o seu *eu*. Embora a sua mente possa criar auto-imagens e enganar-se acreditando em sua realidade, você é a consciência que percebe essas imagens. Como você foi criado perfeito por Deus e permanece tal como foi criado, você continua puro, imaculado e sagrado. A crença de que você criou o seu *eu* é a origem de todos os seus problemas. Aceitar Deus como o seu

---

43. A. A. Bailey, *Glamour: A World Problem* (1950; reimpressão; Nova York: Lucis Publishing Company, 1971), p. 180.

criador e a origem de sua vida dá-lhe paz de espírito. A fonte de sua vida é também a fonte de todas as vidas.[44]

A percepção intuitiva da presença de Deus às vezes é chamada de amor espiritual. Evocar essa percepção equivale a trazer o amor-sabedoria da mônada para o plano búdico, capacitando-o a fazer contato direto com essa qualidade. Embora a sua experiência com o amor espiritual provavelmente seja pálida e indistinta, depois de passar por ela você sentirá com clareza e intensidade a compaixão e a intuição da unidade essencial e da igualdade de todos os seres humanos. Evocar a compaixão equivale a trazer o amor-sabedoria para o plano mental, o nível da alma, capacitando-o a perceber a unidade de todas as almas.

Na terceira sentença da fórmula, o "quarto grande grupo" refere-se ao chakra do coração, porque esse é o quarto relacionado na Tabela 1 (página 25), e o "grande Nove Criativo" refere-se às nove pétalas externas do lótus egóico que são descritas na Tabela 6 (página 105). A compaixão é a energia à qual o chakra do coração reage e que o liga ao lótus egóico — a alma ("Conhecendo a nota à qual o quarto grande grupo reage e ligando-a ao grande Nove Criativo"). Tendo compaixão, você pode irradiar essa energia a partir do seu chakra do coração ("ele faz soar a nota"). Se o paciente for suficientemente desenvolvido e receptivo, o seu chakra do coração irá reagir às emanações de compaixão em sua aura. Em conseqüência, o paciente ficará livre de um sentimento de separação e vai experimentar uma unicidade com a humanidade ("que traz libertação, a nota que vai trazer absorção para a unidade").

O restante da fórmula simbólica descreve os efeitos deste tipo de cura irradiante. Conforme discutimos na segunda seção deste capítulo, um chakra tem uma qualidade associada e uma taxa de vibração, e ambas podem ser conduzidas através da aura do terapeuta. Primeiro, consideremos o efeito de se irradiar a qualidade da compaixão. As pessoas somente podem responder a esta

---

44. *A Course in Miracles*, vol. 1 (Tiburon, CA: Foundation for Inner Peace, 1975), pp. 43-46.

qualidade se tiverem iniciado o processo de se tornarem conscientes da presença do amor dentro de si mesmas. Um grupo que pode responder é constituído por pessoas que fizeram progressos no caminho espiritual e já sentiram a unicidade da humanidade, mas que sucumbiram a uma condição temporária de egocentrismo emocional. Para essas pessoas, a irradiação de compaixão serve como uma ajuda para que recuperem o seu ponto de consecução anterior, coisa que precisam fazer antes que possam progredir mais ("Ele educa o ouvido daquele que precisa ser curado"). Os iniciantes no caminho espiritual também podem responder. No caso deles, a radiação serve para encorajá-los a seguir em frente no caminho da provação, o que precisam fazer para desabrochar a sua natureza espiritual ("e também treina o ouvido daquele que tem de seguir em frente").

A radiação do chakra do coração também pode produzir efeitos físicos benéficos. Conforme discutimos na sétima seção do Capítulo 2 (página 76), a doença física pode ocorrer quando a freqüência vibratória de um chakra afasta-se de sua verdadeira freqüência natural. Através do campo vibratório da sua alma, você pode estabelecer um sistema ressonante entre o seu chakra do coração e o do paciente, o que traz de volta a freqüência vibratória do chakra do paciente à sua freqüência natural ("Ele conhece a natureza do som que traz o toque curativo"). Como um distúrbio no corpo físico denso é apenas um sintoma de um problema etérico, a restauração do ritmo correto no nível etérico vai fazer com que a doença também deixe o órgão associado no corpo físico denso ("e também daquele que diz: Afaste-se").

Em suma, o amor-sabedoria pode irradiar-se através do chakra do coração e fazer o seguinte: salvar viajantes que estão percorrendo o caminho espiritual, encorajar outros a seguir em frente por esse caminho, restaurar o equilíbrio do corpo etérico e remover a doença do corpo físico denso ("E assim o trabalho é feito"). A característica básica do quarto raio é a unificação. Como o chakra do coração produz unidade e harmonia entre os seres humanos e dentro do corpo físico, pode-se considerar que ele expressa o quarto sub-raio do amor-sabedoria. *A Course in Miracles* parece descrever esse tipo de cura irradiante:

> A paz de Deus está brilhando em você agora, e do seu coração se estende por todo o mundo. Ela se detém para acariciar cada ser vivo, e deixa com eles uma bênção que perdura para todo o sempre. Aquilo que ela dá deve ser eterno. Ela remove todos os pensamentos relativos a coisas efêmeras e sem importância. Ela traz renovação a todos os corações cansados e ilumina todas as visões ao passar por elas.[45]

Bailey descreve-a como segue:

> [O aspirante], então, vai se tornar um conduto para a luz do Ego, para a iluminação de *buddhi* derramar-se para a salvação da raça, e a luz daqueles que tropeçam nos lugares escuros... Sua vida deve começar a irradiar e a exercer um efeito magnético sobre os outros. Com isto quero dizer que ele vai começar a influenciar aquilo que está aprisionado dentro dos outros, pois vai alcançar — através de suas poderosas vibrações — o centro oculto dentro de cada um... Refiro-me àquela radiação espiritual que só desperta respostas e é percebida pelos que estão se tornando conscientes do centro espiritual que existe dentro do coração. Neste estágio, o homem é reconhecido como aquele que pode falar ocultamente "de um coração para o outro". Ele se transforma num elemento estimulador do centro cardíaco de seu irmão e naquele que estimula os homens a agirem em favor dos outros.[46]

---

45. *A Course in Miracles*, vol. 2, p. 347.
46. Bailey, *A Treatise on Cosmic Fire*, p. 863.

Aquilo que foi dado deve ser usado: aquilo que emerge a partir de um determinado método encontrará o seu lugar no plano do terapeuta. Aquilo que está oculto deve ser visto e, a partir dos três, um grande conhecimento emergirá. É isso o que o terapeuta busca. A isso o terapeuta acrescenta os dois que são como um e, assim, o quinto deve fazer a sua parte, os cinco devem fazer a sua parte, e os cinco devem funcionar como um. As energias descem, atravessam e desaparecem, deixando aquele que poderia responder com o karma ainda por dissipar e levando com elas aquele que talvez não reaja dessa maneira e, portanto, deve igualmente desaparecer.[47]

A fórmula do quinto raio descreve o método de cura prânica em que a inteligência ativa da mônada leva essa qualidade ao prana transmitido. Conforme mostra a Tabela 7 (página 128), a inteligência ativa pode passar pela constituição interna humana e alcançar o chakra da garganta no corpo etérico. Assim, esse método é apropriado para o tratamento desse chakra específico.

Antes de utilizar qualquer método de cura prânica, Bailey recomenda que o terapeuta passe pelo menos cinco horas refletindo tranqüilamente antes de diagnosticar a doença do paciente. Durante esse período são investigadas as seguintes questões: "a) o problema da doença e a sua natureza específica; b) a sua localização no corpo físico; c) o chakra envolvido... e as suas condições; d) o quanto o problema é agudo e quais as suas chances de cura; e) a existência ou não de risco de morte; f) a condição psicológica do paciente; g) os raios do paciente."[48]

A parte inicial da fórmula descreve esse passo preliminar. A inteligência ativa da mônada foi dada a você pelo Logos planetário e é preciso que você use essa qualidade para chegar a um

---

47. Bailey, *Esoteric Healing*, p. 710.
48. Bailey, *Esoteric Healing*, p. 702.

diagnóstico preciso ("Aquilo que foi dado deve ser usado").[49] A abordagem necessária consiste em aplicar os estágios da raja yoga discutidos na seção do quinto raio (página 111) do Capítulo 3. Portanto, comece com os estágios de concentração e meditação sobre cada uma das sete seções relacionadas ao lado. Se chegar a alcançar os estágios avançados, você será um terapeuta bem-sucedido porque raramente cometerá erros. As revelações espirituais da mente e a sabedoria da alma emergem a partir de dentro no estágio de contemplação, trazendo a inteligência ativa para os níveis abstratos do plano mental ("aquilo que emerge a partir de um determinado método encontrará seu lugar no plano do terapeuta"). As revelações e a sabedoria, sendo de natureza abstrata, devem ser convertidas pelo corpo mental num plano completo de tratamento durante o estágio de iluminação ("Aquilo que está oculto deve ser visto"). Como esse esforço mental requer um alinhamento com o terceiro chakra ou chakra da garganta, a inteligência ativa vai emergir daí ("e a partir dos três um grande conhecimento emergirá"). Conseqüentemente, você vai chegar a uma compreensão precisa a respeito do que fazer, e a inteligência ativa irá afetar o prana em seu chakra da garganta ("É isso o que o terapeuta busca").

O diagnóstico implica fazer uma discriminação entre os chakras que precisam de tratamento e os que não necessitam de maiores atenções. Para corrigir a discriminação, precisamos fazer uso da atividade da qualidade do quinto raio da alma, o que, neste caso, é o quinto sub-raio da qualidade monádica da inteligência ativa. A próxima porção da fórmula pressupõe que tenha sido feito um diagnóstico do chakra da garganta do paciente e que ele esteja precisando de tratamento com o prana, além de rever algumas das informações fornecidas durante a discussão da fórmula do segundo raio.

---

49. A. A. Bailey, *Initiation, Human and Solar* (1922; reimpressão; Nova York: Lucis Publishing Company, 1974), pp. 117, 118.

À energia ativa você deve acrescentar as duas correntes de energia da vida que estão estreitamente inter-relacionadas: a corrente da vida e o prana ("A isso o terapeuta acrescenta os dois que são como um"). Assim, diversos elementos têm o seu papel neste método. O quinto plano ou plano mental deve desempenhar o seu papel transmitindo a inteligência ativa através da mente espiritual, da alma e do corpo mental ("e, assim, o quinto deve fazer a sua parte"). Os cinco chakras seguintes também devem fazer a sua parte: do baço, do coração, da garganta, da testa e da coroa ("e os cinco devem fazer a sua parte"). O chakra do baço absorve o prana da atmosfera. A corrente da vida está ancorada no chakra do coração e controla a circulação do prana. Parte do prana é elevada até o chakra da garganta, onde adquire a freqüência desse chakra e a qualidade da inteligência ativa. O prana da garganta é elevado até o chakra da testa e, a partir daí, distribuído para o paciente. A corrente da consciência está ancorada no chakra da coroa e pode dirigir a corrente da vida. Você deve assegurar-se de que esses cinco chakras funcionam de maneira coordenada e integrada ("e os cinco devem funcionar como um").

O trabalho de cura é circulatório. Ao enviar mentalmente o prana para o chakra da garganta do paciente, não visualize nem imagine o prana acumulando-se aí. Em vez disso, visualize o prana descendente passando através do chakra, entrando no órgão doente ou na área onde a doença está localizada e seguindo para o corpo todo ("As energias descem, atravessam e desaparecem"). Esse processo deixa um novo prana, que tem a freqüência e a qualidade corretas para uma atividade sadia, e elimina o prana anterior, que não era sadio e precisava ser removido ("deixando aquele que poderia responder com o karma ainda por dissipar e levando com elas aquele que talvez não reaja dessa maneira e, portanto, deve igualmente desaparecer").[50]

---

50. Bailey, *Esoteric Healing*, p. 287.

Cortando as águas, deixando o poder descer, o terapeuta grita. Ele não se preocupa com o modo como as águas possam responder; elas freqüentemente trazem ondas tempestuosas e acontecimentos calamitosos e terríveis. O final é bom. O problema estará terminado quando a tempestade amainar e a energia tiver cumprido o seu destino predeterminado. O poder é forçado a penetrar diretamente no coração, e dentro de cada canal, nadi, nervo e do baço, o poder tem de buscar uma passagem e um caminho, e assim confrontar o inimigo que se introduziu e se estabeleceu para viver. A expulsão — implacável, brusca e completa — é empreendida por aquele que não vê nada menos que o funcionamento perfeito e não tolera nenhuma interferência. Esse perfeito funcionamento abre, assim, a porta para a vida eterna ou para a vida na Terra, ainda que por pouco tempo.[51]

Conforme resumimos na segunda coluna da Tabela 7 (página 128), o amor-sabedoria pode irradiar-se através dos chakras do coração e do plexo solar. A fórmula do quarto raio descreve o processo e os efeitos da irradiação dessa qualidade através do chakra do coração, e a fórmula do sexto raio dá a descrição correspondente para o chakra do plexo solar.

Neste quarto e último passo da cura irradiante, a primeira providência é eliminar os seus pensamentos negativos, tais como o ressentimento, a reprovação e a inveja ("Cortando as águas"). Conforme discutimos na sexta seção (página 117) do Capítulo 3, as reações emocionais têm sua origem nas crenças e opiniões contidas na mente. Por conseguinte, em vez de lutar contra os sentimentos negativos ou de tentar reprimi-los, é mais eficaz modificar os seus pensamentos. A seguir estão algumas regras rápidas

51. Bailey, *Esoteric Healing*, p. 711.

que podem ajudá-lo a fazer a necessária modificação mental. Observe os conteúdos da mente e trabalhe conscientemente para purificá-la, eliminando todos os preconceitos, idéias preconcebidas e julgamentos apressados. Pratique a inocência em pensamentos e palavras. E recuse-se a pensar maldosamente ou com um sentimento de reprovação acerca do paciente por quem você planeja trabalhar.[52]

O segundo passo da técnica é na verdade uma continuação do método do quarto raio: fazer um esforço para perceber a presença de Deus em todas as formas, incluindo a do paciente. Se esse esforço for bem-sucedido, o amor-sabedoria da mônada pode descer para o nível búdico, na forma de amor espiritual, e para o nível da alma, na forma de compaixão. Se você for capaz de eliminar uma quantidade suficiente de seus sentimentos negativos durante o primeiro passo, então o amor-sabedoria poderá descer um pouco mais e alcançar o seu corpo emocional na forma de estima ("deixando o poder descer"), que é um sentimento de aceitação, apreciação e respeito pelo paciente. Não obstante, a manutenção desse sentimento requer um esforço definido e continuado ("o terapeuta grita").

Você tem uma escolha básica quanto ao modo de perceber o paciente. Se olhá-lo com a percepção intuitiva de sua alma, então irá perceber essa pessoa como um ser espiritual que foi criado perfeito por Deus e que permanece incorrupto, produzindo um sentimento incondicional de estima. Se você olhá-lo com os olhos da sua personalidade, no entanto, terá julgamentos e avaliações, o que resultará em sentimentos críticos ou negativos. Na prática, você pode flutuar de um tipo de percepção para outro.

Quando o amor-sabedoria desce para o corpo emocional, você pode experimentar um conflito entre ele e quaisquer sentimentos negativos que ainda estejam ali. Nesse caso, você não deveria prestar atenção aos sentimentos negativos ou ao conflito ("Ele não se preocupa com o modo como aquelas águas possam responder").

---

52. Bailey, *Discipleship in the New Age*, vol. 1, pp. 65, 66.

Por exemplo: você talvez sinta que o paciente não é digno de receber a energia curativa e que ele deve ser punido ("elas freqüentemente trazem ondas tempestuosas e acontecimentos calamitosos e terríveis"). Em vez disso, continue se esforçando por perceber o paciente como uma realidade espiritual impoluta, como a consciência pura que existe num domínio inacessível, mas que atua através da personalidade ("O final é bom"). A devoção a um ideal espiritual é uma habilidade do sexto raio. Como você não está mais alimentando os velhos padrões emocionais, eles acabarão decaindo. O seu conflito emocional vai terminar quando os sentimentos negativos diminuírem efetivamente e forem substituídos pela estima ("O problema estará terminado quando a tempestade amainar e a energia tiver cumprido o seu destino predeterminado").

O chakra do plexo solar é extraordinariamente ativo para a maior parte das pessoas. Esse chakra é o escoadouro do corpo emocional para o mundo exterior e recebe todas as reações emocionais, impulsos e desejos. Ele é o chakra dominante nas pessoas que estão se aproximando do caminho espiritual, e o seu controle é uma meta fundamental para os que aspiram percorrer esse caminho. A segunda seção do Capítulo 3 introduziu o conceito de Logos solar.[53] Assim, na fórmula simbólica de Bailey, pode-se interpretar a palavra *coração* como uma referência ao chakra do plexo solar.

Quando você tem estima pelo paciente, esse sentimento se irradia do seu chakra do plexo solar e vai direito para o chakra do plexo solar do paciente, onde penetra ("o poder é forçado a penetrar diretamente no coração"). Na filosofia da yoga, a palavra sânscrita *nadi* refere-se a um sutil conduto de energia que afeta o sistema nervoso e é subjacente a ele. Depois que a estima entra no chakra do plexo solar do paciente, ela passa para os condutos etéricos e nadis associados, para o sistema nervoso simpático e para os órgãos físicos densos associados, tais como o fígado, o

53. Bailey, *Esoteric Healing*, p. 170.

pâncreas, o estômago e o baço ("e dentro de cada canal, nadi, nervo e do baço, o poder tem de buscar uma passagem e um caminho"). Através desse processo, a radiação confronta-se com os sentimentos de ansiedade que penetraram no paciente e tornaram-se parte de sua vida emocional ("e, assim, confrontar o inimigo que se introduziu e se estabeleceu para viver").[54]

A radiação do amor-sabedoria consegue expulsar as temerosas reações do paciente — de uma maneira súbita, rápida e completa — desde que você continue se esforçando por perceber o paciente como um ser espiritual perfeito e não permita que nada interfira com essa atenção ("A expulsão — implacável, brusca e completa — é empreendida por aquele que não vê nada menos que o funcionamento perfeito e não tolera nenhuma interferência"). Esta cura emocional permite que o paciente receba a sabedoria da alma e tenha melhores relacionamentos com as outras pessoas ("Esse perfeito funcionamento abre, assim, a porta para a vida eterna ou para a vida na Terra"). Como a condição melhorada vai durar apenas um curto período ("ainda que por pouco tempo"), o paciente precisa aprender como o amor-sabedoria pode ser evocado de dentro de si.

É importante fazer a seguinte distinção. Este tipo de cura irradiante consegue eliminar as reações temerosas do paciente, mas não pode remover diretamente sentimentos penosos que tenham sido reprimidos. A consciência foi negada a esses sentimentos por serem por demais ameaçadores para a autoimagem que o paciente queria manter. Embora a radiação do amor-sabedoria não possa remover esses sentimentos, ela pode eliminar o medo do paciente em relação a eles. Ao receber a aceitação incondicional do terapeuta, o paciente ganha a confiança necessária para confrontar o material reprimido e incorporar esse material como parte de uma modificação e desenvolvimento de si mesmo. Em conseqüência, o paciente recebe ajuda para resol-

---

54. Bailey, *Esoteric Healing*, pp. 554, 555.

ver suas contradições interiores e unificar a sua personalidade.[55]

Carl Rogers, um dos grandes inovadores da moderna psicologia, destacou a importância de se cultivar um sentimento de estima, e descreveu esse sentimento da seguinte maneira:

> Ele envolve uma genuína boa vontade do terapeuta em relação ao cliente, quaisquer que sejam os sentimentos que este possa estar abrigando nesse momento — medo, confusão, dor, orgulho, raiva, ódio, amor, coragem ou admiração. Isso significa que o terapeuta preocupa-se com o cliente de uma maneira não-possessiva. Significa que ele dá valor ao cliente de forma total e incondicional. Com isso quero dizer que o terapeuta não comete o erro de aceitar o cliente quando ele está se comportando de determinadas maneiras e de reprová-lo quando se comporta de outras maneiras. Isso traduz um amistoso sentimento positivo, sem reservas, sem avaliações. O termo que passamos a usar para isso é estima incondicional.[56]

Carl Rogers foi um terapeuta muito eficaz porque combinou o método do sexto raio de cura esotérica com a psicoterapia.

Sétimo Raio

> A energia e a força têm de se encontrar e assim o trabalho é feito. A cor e o som, em seqüência ordenada, devem encontrar-se e fundir-se, e assim o trabalho de magia pode prosseguir. A substância e o espírito devem evocar um ao outro e, passando através do centro daquele que procura ajudar, produzir o novo e o bom. Com a vida, portanto, o

---

55. C. R. Rogers, *On Becoming a Person* (Boston: Houghton Mifflin, 1961), p. 185.

56. Rogers, *On Becoming a Person*, p. 62.

terapeuta energiza a vida enfraquecida, impelindo-a para a frente ou ancorando-a ainda mais profundamente no lugar de destino. Todos os sete devem ser usados e através dos sete devem passar as energias necessárias, criando o novo homem que sempre existiu e sempre existirá, tanto aqui como lá.[57]

A sétima e última fórmula descreve o método de cura prânica, pelo qual a vontade monádica conduz a sua qualidade ao prana transmitido. Como mostra a primeira coluna da Tabela 7 (página 128), a vontade monádica pode alcançar tanto o chakra da coroa como o da testa, dentro do corpo etérico. Assim, este método é apropriado para o tratamento de quaisquer desses chakras no paciente.

Uma das características básicas do sétimo raio é a capacidade de unificar forças opostas. Conforme mostram as três primeiras sentenças da fórmula, o método do sétimo raio de cura esotérica reúne três tipos de pares de opostos. O primeiro par é o prana curativo e as forças da doença. Quando a corrente de prana de seu chakra da coroa ou da testa remove e substitui as forças da doença dentro do chakra correspondente, no corpo do beneficiário, o trabalho curativo pode ser realizado ("A energia e a força têm de se encontrar e assim o trabalho é feito").

O segundo par é o prana e a vontade monádica. Como o sétimo é o raio da ordem mágica ou cerimonial, a qualidade do sétimo raio da alma proporciona a capacidade de preparar e distribuir prana. O método consiste em expressar o propósito geral monádico de prestar um verdadeiro serviço através do propósito mais restrito do sétimo raio, que é o de transmitir o prana apropriado — coisa que traz o sétimo sub-raio da vontade monádica para baixo, para os seus chakras da coroa e da testa. De acordo com o que foi discutido na segunda seção deste capítulo, o prana entra no corpo etérico através do chakra do baço e, em seguida, passa para outros

57. Bailey, *Esoteric Healing,* p. 712.

chakras. Após ser assimilado por um determinado chakra, o prana adquire a freqüência vibratória desse chakra e a qualidade das forças que ali atuam. Quando o prana com a freqüência correta encontra-se e funde-se com a vontade monádica dentro de seu chakra da coroa ou da testa, o trabalho de cura poderá prosseguir com a energia da freqüência e a qualidade corretas ("A cor e o som, em seqüência ordenada, devem encontrar-se e fundir-se, e assim o trabalho de magia pode prosseguir").

O terceiro par de energias é o prana e a corrente da vida. O prana fornece a vitalidade que capacita o corpo físico a evocar a corrente da vida a partir da alma. Por outro lado, a corrente da vida controla o movimento do prana e pode evocar uma quantidade suplementar de prana a partir da atmosfera. Durante o tratamento, o prana e a corrente da vida devem evocar um ao outro e passar através da seguinte seqüência de centros ("A substância e o espírito devem evocar um ao outro e, passando através do centro daquele que procura ajudar"): o centro do seu corpo etérico que corresponde àquele sendo tratado no paciente; o seu chakra da testa, que distribui energia; e os seus chakras da mão, que fazem a energia convergir para um foco. Este processo de distribuir e focalizar produz a corrente de prana curativo que é dirigida para o paciente ("produzir o novo e o bom").

Antes de discutir o restante da fórmula, é necessário introduzir alguns conceitos adicionais. Existe uma importante correspondência entre mudanças na consciência e as modificações energéticas dentro do corpo etérico. Por exemplo: quando a criatividade física ou sexual é transmutada em criatividade artística ou mental, a energia do chakra sacral sobe para o chakra da garganta. Quando o desejo egocêntrico é transmutado em consciência de grupo, a energia do chakra do plexo solar sobe para o chakra do coração. Quando a ambição material é transmutada em desejo de servir à humanidade, a energia do chakra básico sobe para o chakra da testa. Quando o centro da consciência transfere-se da personalidade para a alma, as energias dos chakras do coração e da garganta sobem para o chakra da testa. E quando o centro da consciência transfere-se para a tríade espiritual, a energia do chakra da garganta sobe para o chakra da coroa.[58]

Sua meta é estimular com prana o debilitado corpo etérico do paciente ("Com a vida, portanto, o terapeuta energiza a vida enfraquecida"). Após identificar o chakra do paciente que rege a área doente, determine se o chakra está excessiva ou insuficientemente ativo. Se o chakra estiver superativo, retire parte de sua energia ("impelindo-a para a frente"), enviando o prana para estimular o chakra superior que pode potencialmente controlá-lo. Em especial, um chakra pode ser controlado pelo chakra superior que eventualmente irá receber a sua energia, conforme foi dito no parágrafo anterior. Por outro lado, se o diagnóstico for uma atividade insuficiente do chakra, envie o prana para ele com o propósito de intensificar a atividade desse centro ("ou ancorando-a ainda mais profundamente no lugar de destino"). Bailey dá exemplos desses dois tipos de tratamento:

> Através do poder do pensamento dirigido, [os terapeutas] podem enviar energia para o centro que é o fator determinante da área do corpo físico onde se localiza o problema. Se o paciente estiver com uma úlcera gástrica, por exemplo, a estimulação do centro do plexo solar pode produzir a cura.
>
> Eles podem estimular um centro mais elevado do que aquele que controla uma determinada área e assim — pela intensificação do centro superior — reduzir a vitalidade do inferior. Se houver doenças ou problemas ligados aos órgãos reprodutivos (como algum problema na próstata, por exemplo), o centro da garganta deve receber atenção. Esse é o centro que deve eventualmente ser o receptor da energia da correspondência ou aspecto inferior criativo. Isto é chamado de "técnica de retirada do fogo"; por meio dela, aquilo

58. Bailey, *Esoteric Healing*, p. 175; Bailey, *Esoteric Psychology*, vol. 2, pp. 523-527.

que você chama de superestimulação, em alguns casos, e de inflamação, em outros, poderá ser revertido.[59]

A discussão precedente destina-se a ser aplicada a todos os métodos de cura prânica, embora a sua aplicação possa ser considerada dentro de um método determinado, como aquele que usa os chakras da coroa e da testa. O prana é enviado para o chakra da testa do paciente — se esse chakra estiver insuficientemente ativo ou se o chakra do coração, da garganta ou o chakra básico estiver superativo. E o prana é enviado ao chakra da coroa do paciente se este chakra estiver insuficientemente ativo ou se o chakra da testa estiver superativo.

A sentença final da fórmula mostra como entrar em contato com a vontade monádica. O esforço necessário pode ser descrito de três maneiras diferentes: invocação, transferência de energias para o corpo etérico ou transferência da sede da consciência de um veículo interior para outro. A fórmula do primeiro raio dá a primeira descrição e a fórmula do sétimo raio dá as duas últimas. Essas três descrições são equivalentes porque uma invocação bem-sucedida requer a transferência de energia no corpo etérico e causa uma modificação.

Seu primeiro passo é combinar a vontade da personalidade com a vontade altruísta da alma. Para dar esse passo, as energias dos cinco chakras inferiores devem passar para o chakra da testa e concentrar-se aí. Como resultado, o centro de sua consciência transfere-se da personalidade para a alma, o que capacita as energias da alma a descerem para a personalidade. O seu próximo passo é usar a vontade da personalidade impregnada pela alma para invocar a vontade-voltada-para-o-bem, sendo esta última o reflexo da vontade monádica no nível do plano átmico. Para uma invocação bem-sucedida é preciso usar as energias de todos os sete chakras principais ("Todos os sete devem ser usados"), e essas energias devem passar pelos sete chakras e concentrar-se

---

59. Bailey, *Esoteric Healing*, pp. 283, 284.

no chakra da coroa ("e através dos sete devem passar as energias necessárias"). Assim, o centro da sua consciência transfere-se temporariamente para a tríade espiritual ("criando o novo homem que sempre existiu e sempre existirá") e capacitando a vontade monádica a descer para a alma e a personalidade ("tanto aqui como lá").[60] Bailey descreve a experiência de alguém que está passando por essas mudanças na consciência:

> O discípulo sabe ou está aprendendo que ele não é isso nem aquilo, mas a Própria Vida. Ele não é o corpo físico ou sua natureza emocional; ele não é... a mente ou aquilo através do qual ele adquire conhecimento. Ele está aprendendo que isso também precisa ser transcendido e superado pelo amor inteligente (que só é realmente possível após a mente ter se desenvolvido), e ele começa a perceber a si mesmo como a alma. Depois, mais tarde, vem o terrível "momento no tempo" em que, pendente no espaço, ele descobre que não é a alma. O que ele é, então? Um ponto da vontade dinâmica divina, focalizado na alma e chegando à consciência do Ser através do uso da forma. Ele é Vontade, o governante do tempo e o organizador do espaço no tempo.[61]

Em suma, as fórmulas do segundo, do quinto e do sétimo raios apresentam informações relativas aos diversos aspectos da cura prânica, incluindo tanto o diagnóstico como o tratamento. Em virtude de sua natureza sobreposta, o indivíduo precisa compreender a informação contida em todas as três fórmulas antes de estar pronto para aplicar qualquer uma delas.

---

60. Bailey, *Esoteric Healing*, p. 188.
61. Bailey, *The Rays and the Initiations*, p. 107.

Bibliografia

Assagioli, R. *Psychosynthesis*. 1965. Reimpressão. Nova York: Viking Penguin, 1987. [*Psicossíntese*, Editora Cultrix, São Paulo, 1982.]

——— *Psychosynthesis Typology*. Londres: Instituto de Psicossíntese, 1983.

Baba, M. *Discourses*. São Francisco: Sufism Reoriented, 1967.

Bailey, A. A. *Discipleship in the New Age*, vol. 1. 1944. Reimpressão. Nova York: Lucis Publishing Company, 1976.

——— *Discipleship in the New Age*, vol. 2. 1955. Reimpressão. Nova York: Lucis Publishing Company, 1972.

——— *Education in the New Age*. 1954. Reimpressão. Nova York: Lucis Publishing Company, 1974.

——— *Esoteric Astrology*. 1951. Reimpressão. Nova York: Lucis Publishing Company, 1979.

——— *Esoteric Healing*. 1953. Reimpressão. Nova York: Lucis Publishing Company, 1977.

——— *Esoteric Psychology*, vol. 1. 1936. Reimpressão. Nova York: Lucis Publishing Company, 1975.

——— *Esoteric Psychology*, vol. 2. 1942. Reimpressão. Nova York: Lucis Publishing Company, 1975.

——— *The Externalisation of the Hierarchy*. Reimpressão. Nova York: Lucis Publishing Company, 1976.

——— *From Intellect to Intuition*. 1932. Reimpressão. Nova York: Lucis Publishing Company, 1974.

——— *Glamour: A World Problem*. 1950. Reimpressão. Nova York: Lucis Publishing Company, 1971.

——— *Initiation, Human and Solar*. 1922. Reimpressão. Nova York: Lucis Publishing Company, 1974.

——— *Letters on Occult Meditation*. 1922. Reimpressão. Nova York: Lucis Publishing Company, 1974. [*Cartas sobre Meditação Ocultista*, Editora Pensamento, São Paulo, 1984.]

——— *The Light of the Soul*. 1955. Reimpressão. Nova York: Lucis Publishing Company, 1978.

——— *The Rays and the Initiations*. 1960. Reimpressão. Nova York: Lucis Publishing Company, 1976.

——— *The Soul and Its Mechanism*. 1930. Reimpressão. Nova York: Lucis Publishing Company, 1976.

——— *Telepathy and the Etheric Vehicle*. 1950. Reimpressão. Nova York: Lucis Publishing Company, 1975.

——— *A Treatise on Cosmic Fire*. 1925. Reimpressão. Nova York: Lucis Publishing Company, 1977.

——— *A Treatise on White Magic*. 1934. Reimpressão. Nova York: Lucis Publishing Company, 1974.

Bailey, M. *A Learning Experience*. Nova York: Lucis Publishing Company, 1990.

Baker, D. *Esoteric Healing*, parte I. High Road, Essendon, Herts., Inglaterra: Dr. Douglas Baker, 1975.

Bernbaum, E. *The Way to Shamballa*. 1980. Reimpressão. Los Angeles: Jeremy P. Tarcher, 1989.

Blavatsky, H. P. *The Secret Doctrine*. 1888. Reimpressão. Pasadena, CA: Theosophical University Press, 1977. [*A Doutrina Secreta*. 6 vols. Editora Pensamento, São Paulo, 1980.]

Chase, P. L. e Pawlik, J. *The Newcastle Guide to Healing With Gemstones*. North Hollywood, CA: Newcastle Publishing Company, 1989. [*A Transformação Pessoal através dos Cristais*, Editora Pensamento, São Paulo, 1993.]

Clayman, C. B., org. *The American Medical Association Encyclopedia of Medicine*. Nova York: Random House, 1989.

A Course in Miracles. Tiburon, CA: Foundation for Inner Peace, 1975.

The Dimensions of Healing: A Symposium. Los Altos, CA: The Academy of Parapsychology and Medicine, 1972.

Ellenberg, H. F. *The Discovery of the Unconscious*. Nova York: Basic Books, 1970.

Epstein, G. *Healing Visualizations: Creating Health With Imagery*. Nova York: Bantam Books, 1989.

Evans-Wentz, W. Y. *The Tibetan Book of the Dead*. Terceira Edição. Nova York: Oxford University Press, 1957. [*O Livro Tibetano dos Mortos*, Editora Pensamento, São Paulo, 1985.]

Hall, M. P. *The Therapeutic Value of Music Including the Philosophy of Music*. Los Angeles: The Philosophical Research Society, 1982.

Hilton, J. *Lost Horizon*. 1933. Reimpressão. Nova York: Pocket Books, 1990.

Hodson, G. *The Seven Human Temperaments*. 1952. Reimpressão. Adyar, Índia: Theosophical Publishing House, 1981. [*O Homem e seus Sete Temperamentos*, Editora Pensamento, São Paulo, 1987.]

Johnston, C. *The Yoga Sutras of Patanjali*. 1949. Reimpressão. Londres: Stuart & Watkins, 1968.

Kant, I. *Ethical Philosophy*. 1785. Reimpressão. Indianapolis, IN: Hackett Publishing Company, 1988.

Lansdowne, Z. F. *The Chakras and Esoteric Healing*. York Beach, ME: Samuel Weiser, 1986.

——— *The Rays and Esoteric Psychology*. York Beach, ME: Samuel Weiser, 1989. [*Os Raios e a Psicologia Esotérica*, Editora Pensamento, São Paulo, 1993.]

——— *Rules for Spiritual Initiation*. York Beach, ME: Samuel Weiser, 1990. [*A Iniciação Espiritual — De acordo com os Princípios estabelecidos por Alice Bailey*, Editora Pensamento, São Paulo, 1993.]

Leadbeater, C. W. *The Chakras*. 1927. Reimpressão. Wheaton, IL: Theosophical Publishing House, 1977. [*Os Chakras*, Editora Pensamento, São Paulo, 1984.]

——— *The Science of the Sacraments*. Adyar, Madras, Índia: Theosophical Publishing House, 1920.

Lillard, P. P. *Montessori: A Modern Approach*. Nova York: Schocken Books, 1972.

McClellan, R. *The Healing Forces of Music*. Amity, NY: Amity House, 1988.

Milewski, J. V. e Harford, J. V. *The Crystal Sourcebook*. Santa Fe, NM: Mystic Crystal Publications, 1988.

Montessori, M. *The Absorbent Mind*. 1949. Reimpressão. Nova York: Dell, 1984.

——— *The Advanced Montessori Method*, vol. 1. 1916. Reimpressão, Nova York: Schocken Books, 1965.

——— *The Montessori Method*. 1909. Reimpressão. Nova York: Schocken Books, 1964.

——— *Reconstruction in Education*. 1948. Reimpressão. Wheaton, IL: Theosophical Press, 1964.

——— *What You Should Know About Your Child*. 1948. Reimpressão. Madras, Índia: Kalakshetra Publications, 1961.

Nikhilananda, Swami. *The Bhagavad Gita*. 1944. Reimpressão. Nova York: Ramakrishna-Vivekananda Center, 1969.

Ouseley, S. G. J. *The Power of the Rays*. 1951. Reimpressão. Essex, Inglaterra: L. N. Fowler, 1986.

Ramacharaka, Yogi. *The Science of Psychic Healing*. 1909. Reimpressão. Chicago: Yogi Publication Society, 1937. [*A Ciência da Cura Psíquica*, Editora Pensamento, São Paulo, 1976.]

Richardson, W. e Huett, L. *Spiritual Value of Gem Stones*. Marina del Rey, CA: DeVorss, 1980.

Robbis, M. D. *Tapestry of the Gods*. Jersey City Heights, NJ: University of the Seven Rays Publishing House, 1988.

Rogers, C. R. *On Becoming a Person*. Boston: Houghton Mifflin, 1961.

Schumann, W. *Gemstones of the World*. 1977. Reimpressão. Nova York: Sterling, 1986.

Ullman, D. *Homeopathy: Medicine for the 21st Century*. Berkeley, CA: North Atlantic Books, 1988. [*Homeopatia — Medicina para o Século XXI*, Editora Cultrix, São Paulo, 1989.]

Vithoulkas, G. *The Science of Homeopathy*. Nova York: Grove Press, 1980.

Weiner, M. e Goss, K. *The Complete Book of Homeopathy*. Garden City, NY: Avery Publishing Group, 1989.

White, J. e S. Krippner, orgs. *Future Science*. Garden City, NY: Anchor-Doubleday, 1977.

Wood, E. *The Seven Rays*. 1925. Reimpressão. Wheaton, IL: Theosophical Publishing House, 1984. [*Os Sete Raios*, Editora Pensamento, São Paulo, 1976.]

Zachary Lansdowne é mestre em engenharia pelo Instituto de Tecnologia de Massachusetts, mestre em filosofia e religião pelo Instituto Californiano de Estudos Integrados, mestre em psicologia clínica pela Universidade de Antióquia, e Ph.D. em engenharia pela Universidade Stanford. Além desta nova obra, ele é o autor de *The Chakras and Esoteric Healing, The Rays and Esoteric Psychology** e *Rules for Spiritual Initiation***, todas publicadas originalmente em inglês pela Samuel Weiser. Lansdowne vive atualmente em Massachusetts, onde trabalha como analista de política pública. Ele conserva um ativo interesse pelo aconselhamento e pelos trabalhos de cura, além de proferir conferências por todo o território dos Estados Unidos.

**Os Raios e a Psicologia Esotérica*. Editora Pensamento, São Paulo, 1993.

***A Iniciação Espiritual — De acordo com os Princípios Estabelecidos por Alice Bailey*, Editora Pensamento, São Paulo, 1993.

A INICIAÇÃO ESPIRITUAL
De Acordo com os Princípios Estabelecidos por Alice A. Bailey

Zachary F. Lansdowne

Zachary F. Lansdowne, conhecido autor de livros sobre Sabedoria Eterna, revela neste seu novo trabalho o significado esotérico de catorze normas ou regras simbólicas originalmente publicadas por Alice A. Bailey.

Aqui o autor mostra que os símbolos de cada uma dessas normas têm dois significados, um exterior e outro interior. O significado exterior tem um objetivo, que é a edificação do caráter, enquanto o significado interior se refere à necessidade da meditação, que o aspirante à iniciação deve estudar e praticar. Assim, cada norma oferece instruções para as duas fases da vida do aspirante: a vida exterior, da prática, e a vida interior, da concentração.

Lansdowne também discorre sobre o relacionamento íntimo que existe entre as normas estabelecidas por Alice Bailey e a tipologia dos sete raios. O resultado final é um manual de fácil entendimento que esclarece as várias etapas do caminho espiritual.

* * *

Zachary F. Lansdowne é mestre em Engenharia pelo Massachusetts Institute of Technology (MIT), mestre em Filosofia e Religião pelo California Institute of Integral Studies, mestre em Psicologia Clínica pela Antioch University e doutor em Engenharia pela Stanford University.

Durante muitos anos, dedicou-se à cura espiritual como conselheiro da Fundação da Luz, na Califórnia. Recentemente, mudou-se para Massachusetts onde, além de analista de programas sociais, continua ativo no seu trabalho de aconselhamento e de cura.

EDITORA PENSAMENTO

OS RAIOS E A PSICOLOGIA ESOTÉRICA

Zachary F. Lansdowne

Em *Os Raios e a Psicologia Esotérica,* o autor nos mostra como o estudo desse aspecto da psicologia pode ser usado como um instrumento de crescimento e investigação da alma, que reside no nosso interior e busca impressionar, impelir e motivar a personalidade.

Na psicologia esotérica, a alma tem qualidades particulares de energia conhecidas como os sete "raios". A premissa fundamental deste livro é a de que a alma de cada ser humano é a expressão de um desses raios. Através de sua qualidade, o raio próprio de cada alma afeta a natureza dos corpos mental, emocional e físico, nos predispõe a certas forças e fraquezas e influencia o modo como nos relacionamos com outros seres humanos.

Neste livro, Zachary F. Lansdowne torna fácil e acessível a todos um conhecimento que antes aparecia cifrado em obras de grande porte, como os tratados esotéricos de Alice A. Bailey. Com uma abordagem positiva, o autor propõe novos meios de integrar alma, corpo, personalidade e espírito de acordo com a sabedoria perene.

Afinal, um livro para leitores modernos que querem conhecer e integrar a energia dos sete raios com aspectos da sua personalidade. Uma obra indispensável que demonstra a praticidade e utilidade de suas idéias por meio de sua aplicação nas seguintes áreas: psicoterapia, análise através dos raios, orientação subjetiva, auto-observação, construção do caráter, purificação emocional e serviço.

* * *

Zachary F. Lansdowne é autor de *A Iniciação Espiritual,* também publicado pela Editora Pensamento.

EDITORA PENSAMENTO

PSICOSSÍNTESE:

Manual de Princípios e Técnicas

DR. ROBERTO ASSAGIOLI

A Psicossíntese é uma proposta de trabalho de tipo psicológico e educacional que tem por objetivo facilitar tanto o reconhecimento quanto a manifestação do potencial criativo do indivíduo, potencial esse que se acha presente nos conflitos e nas crises pessoais. Na prática, a Psicossíntese assume a concepção da pessoa como um todo que transcende os dualismos indivíduo/sociedade, sujeito/objeto, mente/corpo, espiritualidade/sexualidade, para deslocar-se em direção à experiência consciente do *Self*, centro unificador do ser. Enfatiza a importância do desenvolvimento e do uso da vontade hierarquizadora e coordenadora da manifestação do indivíduo em seu cotidiano, possibilitando-lhe contatar-se com o significado mais profundo da vida.

A Psicossíntese utiliza grande variedade de métodos, entre os quais se realçam a análise e a integração das subpersonalidades, a identificação/desidentificação, o treinamento da vontade, o desenvolvimento da intuição, a meditação, a imaginação dirigida, além de incorporar a seus recursos as técnicas provenientes da Gestalt, da Bioenergética, do Psicodrama etc. A aplicação de seus princípios e métodos vem sendo feita em vários campos profissionais: na psicoterapia, na educação, na medicina, em política, na ação pastoral, no desenvolvimento organizacional etc. Sua abordagem tem sempre como ponto de referência a experiência do sujeito, buscando-se clarificar, a partir dos sintomas ou indicadores específicos, o padrão emergente — o novo —, que surge para ampliar a consciência e as possibilidades de manifestação do ser.

Partindo da tradição que vem de Freud, Jung e Maslow, e do profundo conhecimento da psicologia e da filosofia orientais, Roberto Assagioli coloca neste livro as primeiras elaborações indicadora do início da Psicossíntese. Assagioli é também o autor do livro *O Ato da Vontade*.

Dos anos 60s para cá, um número crescente de contribuições tem desenvolvido a Psicossíntese, expandindo-lhe a prática em vários países europeus, nos Estados Unidos, no Canadá, na Argentina e no Brasil.

EDITORA CULTRIX

HOMEOPATIA – MEDICINA PARA O SÉCULO XXI

Dana Ullman

Este livro contém o essencial do que se precisa saber sobre a homeopatia, um sistema de cura que se ocupa, não dos sintomas aparentes, mas do corpo humano visto como um todo equilibrado e auto-suficiente.

Abordando a arte e a ciência da homeopatia à luz dos novos conhecimentos acerca da saúde e do significado da cura, *Homeopatia – Medicina para o Século XXI* fornece ao leitor dados específicos sobre o tratamento homeopático de grande número de doenças que afligem o homem moderno. Escrito em linguagem acessível, este livro representa um marco para o desenvolvimento e divulgação da homeopatia por incluir algumas das mais recentes pesquisas científicas, cujos resultados apontam para uma aplicação mais ampla de seus métodos em casos antes só tratados pela medicina convencional.

Agora que o interesse pelos métodos de fortalecimento do sistema imunológico tornou-se um tema de interesse mundial, *Homeopatia – Medicina para o Século XXI* descreve ainda, detalhadamente, como a medicina homeopática pode estimular os processos naturais de defesa do organismo.

O autor, Dana Ullman, fundador e presidente da Fundation for Homeopatic Education and Research e membro eleito do National Center for Homeopathy, tem se dedicado particularmente a trabalhar junto às instituições mais importantes ligadas às áreas de saúde para que a medicina homeopática e a assistência médica natural alcançassem o reconhecimento e a popularidade de que goza atualmente.

EDITORA CULTRIX

Outras obras do autor:

A INICIAÇÃO ESPIRITUAL – De Acordo com os Princípios Estabelecidos por Alice A. Bailey

OS RAIOS E A PSICOLOGIA ESOTÉRICA

Outras obras de interesse:

A DOUTRINA SECRETA – 6 Vols.
Helena P. Blavatsky

PSICOSSÍNTESE
Roberto Assagioli

CARTAS SOBRE MEDITAÇÃO OCULTISTA
Alice A. Bailey

O HOMEM E SEUS SETE TEMPERAMENTOS
Geoffrey Hodson

A CIÊNCIA DA CURA PSÍQUICA
Yogue Ramacháraca

HOMEOPATIA – MEDICINA PARA O SÉCULO XXI
Dana Ullman

OS SETE RAIOS
E. Wood

O SEGREDO DOS CRISTAIS
Brett Bravo

A TRANSFORMAÇÃO PESSOAL ATRAVÉS DOS CRISTAIS
Pamela Chase e *Jonathan Pawlik*

TRANSMISSÕES CRISTALINAS
Katrina Raphaell

A CURA PELOS CRISTAIS
Katrina Raphaell

AS PROPRIEDADES CURATIVAS DOS CRISTAIS E DAS PEDRAS PRECIOSAS
Katrina Raphaell

A VIBRAÇÃO DAS CORES
Clark e *Martine*

A ENERGIA CURATIVA ATRAVÉS DAS CORES
Theo Gimbel

CROMOTERAPIA – A CURA ATRAVÉS DAS CORES
Reuben Amber

OS CHAKRAS
C. W. Leadbeater

CHAKRAS – RAIOS E RADIÔNICA
David V. Tansley, D.C.

AS TRAJETÓRIAS DOS RAIOS E OS PORTAIS DOS CHAKRAS
David V. Tansley

OS CHAKRAS E OS CAMPOS DE ENERGIA HUMANOS
Shafica Karagulla e *Dora van Gelder Kunz*

Peça catálogo gratuito à
EDITORA PENSAMENTO
Rua Dr. Mário Vicente, 374 – Fone: 272-1399
04270-000 – São Paulo, SP